o despertar do amor

UMBERTO FABBRI
JAIR DOS SANTOS (ESPÍRITO)

O despertar do amor

CorreioFraterno

© 2018 Umberto Fabbri

Editora Espírita Correio Fraterno
Av. Humberto de Aléncar Castelo Branco, 2955
CEP 09851-000 – São Bernardo do Campo – SP
Telefone: 11 4109-2939
correiofraterno@correiofraterno.com.br
www.correiofraterno.com.br

Vinculada ao  www.laremmanuel.org.br

1ª edição – Agosto de 2018
Do 1º ao 3.000º exemplar

A reprodução parcial ou total desta obra, por qualquer meio, somente será permitida com a autorização por escrito da editora.
(Lei nº 9.610 de 19.02.1998)

Impresso no Brasil
Presita en Brazilo – Printed in Brazil

COORDENAÇÃO EDITORIAL
Cristian Fernandes

REVISÃO
Adriane Schirmer

CAPA E PROJETO GRÁFICO DE MIOLO
André Stenico

CATALOGAÇÃO ELABORADA NA EDITORA

Jair dos Santos (espírito)
    O político / Jair dos Santos (espírito); psicografia de Umberto Fabbri. – 1ª ed. – São Bernardo do Campo, SP : Correio Fraterno, 2018.
    200 p.

    ISBN 978-85-5455-007-3

1. Romance mediúnico. 2. Espiritismo. 3. Reencarnação.
4. Espanha. 5. Santo Ofício. I. Fabbri, Umberto. II. Título.

CDD 133.93

Sempre é tempo de alterar posturas e modificar caminhos. A todo momento, temos oportunidades de recomeço.

JAIR DOS SANTOS

Sumário

Prefácio 11
Motivos de orgulho 13
Alegria, festa e diversão 17
Imprudência 21
Dor extrema 27
Momentos de provação 31
Na dimensão espiritual 35
A fuga 41
Estou vivo 45
Ocorrência previsível 51
Mediunismo assustador 57
Desentendimentos 61
Primeiras luzes 67

Informações adicionais 73
Primeiros obstáculos 79
Orientações importantes 85
O Evangelho no Lar 91
O materialista 99
Acontecimentos possíveis 107
No centro espírita 115
Trabalho de evangelização 121
Recomeçar com Jesus 125
EQM providencial 131
Avanços consideráveis 137
Contato com a realidade 143
Servindo com Jesus 147
Questões oportunas 153
Provas e revelações 159
O acidente 163
Médico de almas 169
Confiança e resignação 175
Sofrimento autoimposto 179
Conversa entre amigos 183
Amarga provação 187
O orador espírita 191
Revelações e despedidas 195

Prefácio

Algumas palavras...
Sempre é tempo de alterar posturas e modificar caminhos.

Os personagens de nossa despretensiosa obra demonstram que a criatura tem necessidade de despertar para o amor que cada um possui em essência. Isto representa o início da felicidade tão sonhada.

Sendo criados por Deus, mantemos inconscientemente em nosso íntimo, como objetivo primordial, o anseio por retornar ao seu seio Misericordioso, mesmo quando, opcionalmente, nos afastamos dele, seja por interesses imediatistas, decepções ou pura negligência de nossa realidade espiritual. Esse retorno se dá efetivamente quando optamos por seguir sua lei de amor, muito bem orientada por nosso mestre Jesus, que é "o Caminho, a Verdade e a Vida".

Sabemos que a dor é opção desnecessária para a evolução. No entanto, torna-se medicação adequada para que não continuemos insistindo em equívocos e desacertos. Ela não é castigo como muitos, de forma incauta, acreditam.

Além disso, o Senhor a todo momento nos oferece a oportunidade do recomeço e revisão, mesmo que os meses se transformem em anos, e os anos, em séculos, porque diante de nossa imortalidade, o tempo é a terapia do Espírito.

Que Jesus continue a nos abençoar, para que nos conscientizemos de nossa condição de irmãos, filhos de Deus!

JAIR DOS SANTOS

Motivos de orgulho

O INTERCÂMBIO NO país de língua inglesa havia se encerrado exatamente no mês do aniversário dos gêmeos.

Alguns familiares aguardavam Marcelo e Henrique, no aeroporto de uma das metrópoles brasileiras, para comemorar o retorno em grande estilo. Filhos de um empresário bem-sucedido, os rapazes haviam se ausentado de casa durante um ano, preferindo, inclusive no período de férias, continuar um curso extracurricular, para aproveitamento máximo da oportunidade.

Ambos estavam sendo preparados para assumir futuramente os negócios da família, já herdados dos avós paternos, cujos resultados positivos cresceram nas mãos habilidosas do sucessor.

Os rapazes no auge de sua juventude completariam 19 anos, na semana seguinte ao retorno ao lar.

Tudo estava sendo cuidadosamente organizado, desde a nova decoração das suítes dos garotos, até a comemoração da chegada e a festa de aniversário, que se realizariam em poucos dias. A lista de convidados era numerosa e composta de nomes importantes, portanto, os comes e bebes ficariam a cargo de um chef famoso e equipe, contratados a peso de ouro, para que tudo saísse dentro dos conformes.

Os presentes dos aniversariantes teriam que ser especiais. Como os meninos estavam aptos a dirigir, ganhariam, cada um deles, um carro esportivo, importado de famosa montadora europeia. Os pais sabiam do gosto refinado dos filhos, visto que sempre fora oferecido o melhor para os gêmeos.

– Afinal, para quem era o dinheiro e as empresas, a não ser para eles mesmos? – perguntavam-se sempre marido e mulher, quando de suas conversas relativas aos filhos adorados.

A chegada foi comemorada com uma comitiva festiva e alegre. Valmir e Clotilde, os pais, aguardaram Marcelo e Henrique, em casa, com a recepção surpresa.

Tão logo adentraram a porta principal, foram recepcionados pelo mordomo, os parentes e amigos mais íntimos surgiram na galeria da magnífica mansão, aos brados de boas-vindas...

A alegria era geral, abraços e beijos de todos... Os rapazes estavam sendo recebidos como se fossem heróis. Breves discursos emocionados por parte de alguns familiares mais exaltados transformavam a recepção em algo ainda mais festivo.

Apesar de serem gêmeos univitelinos, as personalidades se diferenciavam, obviamente. Henrique era o mais introspectivo, diferentemente de Marcelo, que adorava uma festa, sendo um falador inveterado, que amava contar seus feitos em detalhes.

Todos ouviam maravilhados, pois o poder de persuasão do jovem Marcelo, de fato, era surpreendente. Recontava passagens simplórias como mirabolantes aventuras. Os pais ficavam inebriados com a sagacidade do filho e entendiam que Henrique necessitava mesmo ser mais comedido, para controlar por vezes os arroubos do irmão. Contudo, era uma dupla perfeita.

Valmir conseguia enxergar Marcelo sendo responsável pelas divisões de vendas e marketing, enquanto Henrique seria o administrador, controlando o andamento e focando a área financeira das empresas. Seu pai, avô dos meninos, falecera quando os gêmeos atingiram a idade de 10 anos. Uma verdadeira pena, porque, se o "velho", como Valmir costumava tratá-lo carinhosamente, pudesse ver hoje os netos ficaria tão orgulhoso quanto ele.

Sua mãe, no entanto, ainda estava firme, apesar da idade avançada. Com seus 90 anos, era a legítima "nona", dando ordens e broncas, quando fosse necessário. Fazia questão de viver em sua casa, reclamando sempre do exército de cuidadoras que Valmir e Clotilde colocavam à sua disposição. A nora cercava-a de cuidados, principalmente depois da morte de seus pais em um acidente aéreo, ocorrido com jato particular da família.

A "nona" repetia incessantemente:

– Onde já se viu tamanho desperdício de dinheiro?

Tenho forças suficientes para continuar cuidando de mim mesma...

Porém, Valmir, filho único, fazia ouvidos moucos para as reclamações da mãezinha e mantinha as enfermeiras, sempre em plantão permanente. Ele não tinha recebido o melhor daqueles que lhe deram a vida? Então, não mediria esforços e continuaria a fazer tudo para o conforto de sua mãe adorada.

A "nona" também estava presente na recepção, afinal, eram os seus dois únicos netos. Recebeu os gêmeos emocionada, bem a caráter daquelas pessoas que nasceram e foram criadas para a manutenção da família. Era um espetáculo tocante para todos os presentes, com a vovó, colocando cada um dos netinhos sentados ao seu lado, cobrindo-os de beijos e abraços, afagando suas cabeças como se ainda fossem duas crianças.

Alegria, festa e diversão

Os preparativos para a comemoração estavam a cargo de Clotilde, que contratara uma organizadora de eventos, com um time de profissionais de primeiríssima linha, para que tudo fosse feito com primor.

A lista dos comensais incluía vários empresários que mantinham relações comerciais com as companhias de Valmir, algumas autoridades, entre outras personalidades.

A comemoração serviria para ingressar, gradativamente, Marcelo e Henrique, no mundo dos negócios, permitindo que ambos circulassem nesse meio da maneira mais confiante possível.

Os convidados seriam acomodados confortavelmente

na imensa área próxima da piscina, com uma estrutura montada prevendo qualquer inconveniente em relação à mudança de tempo. Toldos elegantes foram instalados. O palco para a banda, a cozinha, entre outros itens, foram conferidos rigorosamente.

A festa teria início no sábado à noite. Como o aniversário dos jovens seria no domingo, por volta da meia-noite, planejaram um momento especial, com a queima de fogos de artifício visando aumentar a surpresa dos presentes. Naquele exato instante, entrariam os carrões esportivos, cada um deles, sendo dirigido pelos pais, enquanto a banda tocaria os "parabéns". As comemorações não teriam hora para acabar, avançando noite adentro.

Tudo correu maravilhosamente bem até o esperado dia. A equipe dos organizadores era numerosa para que nada faltasse aos convidados que, aos poucos, iam chegando, sendo recepcionados pelos anfitriões e pelos aniversariantes.

Uma estrutura previamente montada os acomodaria após serem recebidos pelos jovens que, educadíssimos, agradeciam a presença de todos.

Tudo fora preparado com muito bom gosto. Os convivas vestiam-se com esmero. A sensação era de se festejar o aniversário de príncipes. O brilho das joias realçava ainda mais a beleza das moças e senhoras presentes.

Os amigos dos gêmeos chegavam transformando uma festa em outra, tamanha era a alegria do reencontro. Os pais de Marcelo e Henrique estavam radiantes.

Cada prato servido refletia o cuidado nos detalhes, sempre acompanhado por vinhos caros.

Os garotos, como Valmir se referia aos filhos, eram sempre motivos de orgulho em todos os sentidos. Nunca foram negligentes com suas obrigações. Tiveram desde a infância desempenho exemplar nos estudos. Por isso, os investimentos nessa área não sofriam limitações.

A comemoração corria solta, quando, à meia-noite, o casal fez a surpresa para os filhos. Entraram com os veículos fazendo estrondoso ruído com seus motores possantes. Marcelo e Henrique emocionaram-se profundamente pelo gesto dos pais em presenteá-los com os caros esportivos dos sonhos de ambos.

Alisaram os carros como se fossem animais de grande porte, dando a impressão para vários convidados, de tornarem-se verdadeiras crianças diante do brinquedo tão sonhado.

Os amigos aproximaram-se para admirar os valiosos presentes e partilhar da alegria dos gêmeos, que abraçavam e beijavam os pais incansavelmente, enquanto a festa corria solta. Aquele era um dos dias mais inesquecíveis na vida de ambos. Pelo menos, era assim que Clotilde queria que a festa fosse lembrada pelos filhos.

Para o pai, aquele deveria ser o momento da inserção dos filhos no ramo de negócios e no caminho da herança.

As comemorações alcançaram às seis horas da manhã e, para aqueles que resistiram até esse horário, foi servido um delicioso café matinal.

Os rapazes, amigos dos gêmeos, foram os últimos a sair, por volta das oito horas, com o sol já bem-posto no horizonte. Despediram-se com brincadeiras, porque, no fim, tudo era alegria, festa e diversão.

Imprudência

MARCELO E HENRIQUE repousaram até por volta das quinze horas, quando Clotilde chamou os filhos para o almoço. Era costume da família aos domingos levantar mais tarde e almoçarem juntos por volta desse horário.

Apesar da festa que praticamente acabara de ocorrer, a nona, que fora para sua casa descansar um pouco, já se encontrava na casa do filho, como mandava o ritual domingueiro. Depois de um ano da ausência dos rapazes, estariam todos reunidos novamente.

Os jovens estavam felizes e, logo após cumprimentarem os familiares, foram conferir os carros, como as crianças que buscam ter a certeza de que o brinquedo recebido na véspera não havia desaparecido.

Almoçaram em clima de muita descontração, embora existisse certa ansiedade por parte de ambos, que não viam a hora de dirigir os veículos de seus sonhos.

Por volta das 17 horas, pediram licença aos pais e à nona para passear pelas redondezas.

Clotilde, extremamente zelosa, fez as recomendações de praxe em relação aos cuidados e à velocidade, porque a linda mansão onde residiam ficava em bairro próximo de uma importante estrada que ligava a capital ao interior. Seu receio era o exagero que os jovens da região costumavam cometer naquele trecho da rodovia, com disputas entre seus carros e motos.

Beijou os garotos com palavras carinhosas e insistentes:

— Tomem cuidado e não excedam a velocidade. Voltem logo, porque a nona deverá retornar para sua casa por volta das 19 horas. Por favor, estejam aqui para se despedir, está bem?

Foi Marcelo quem respondeu abraçando a mãe com seu jeito espontâneo:

— Fique tranquila que os seus passarinhos irão voltar para o ninho rapidinho, com os motores roncando...

— Sei, sei... Juízo vocês dois, hein?

Beijaram todos e saíram rapidamente. O ronco dos motores dos carros assustou a nona. Imediatamente, ela perguntou:

— Valmir, que tipo de carro você deu para os meus netos? Com esse barulho todo, não são perigosos?

— Não se preocupe, mamãe. São veículos esportivos;

no entanto, muito seguros. A senhora sabe como são os jovens, não? Gostam do ronco agressivo desses motores...

– Talvez você devesse ter-lhes dado carros mais simples, principalmente para não chamar atenção. Nestes tempos violentos, qualquer coisa fora do padrão costuma aguçar o interesse de gente mal-intencionada.

Foi Clotilde quem interveio para deixar a sogra mais tranquila:

– Não se preocupe, dona Ema. Eles são meninos ajuizados e nosso bairro é bastante seguro. Vão passear pelas redondezas e voltarão logo.

– Bem, Clotilde, se você está dizendo...

Apesar dos gêmeos serem verdadeiros exemplos de bons filhos, a juventude estimula, por vezes, atitudes mais ousadas. Marcelo que conduzia seu veículo com maior destreza convidou o irmão para irem até a estrada. Domingo à tarde, o fluxo da capital para o interior era mínimo, e o movimento estava concentrado em sentido contrário.

Pelo celular, Marcelo estimulou Henrique para testarem os carros em percurso conhecido, que não possuía vigilância por radares.

Emparelharam os veículos e aceleraram, exigindo a força dos motores, que responderam rapidamente. Em segundos estavam em velocidade quase dobrada, em trecho que permitia cem quilômetros por hora.

Henrique, que era menos hábil ao volante, preferiu seguir o irmão.

Os carrões deslizavam velozes. As janelas abertas permitiam que o vento entrasse agressivamente, aumentando a sensação de liberdade.

Nas curvas, a eficiência das suspensões e das demais partes responsáveis por deixar os veículos literalmente presos ao solo demonstrava perfeição e segurança.

Henrique, sentindo-se mais confiante, acelerou para ultrapassar Marcelo, não percebendo que estava com velocidade excessiva para fazer a curva que se encontrava à sua frente.

O veículo foi ao limite e o jovem não conseguiu manter o controle adequado, permitindo que este fosse para o acostamento.

Naquela área, o óleo do motor de um veículo que se acidentara no dia anterior fez com que os pneus perdessem a aderência.

O carro bateu contra o *guard rail*, passando por cima deste e capotando seguidas vezes.

Henrique presenciava tudo em câmera lenta, vendo o *airbag* abrir, os vidros estilhaçarem e seu corpo ser bruscamente sacudido e arremessado contra as partes metálicas do veículo. Por distração ou excesso de confiança, havia esquecido de atar o cinto, comprometendo terrivelmente a sua segurança.

Enfim, o automóvel se acomodou dentro de uma vala, com as rodas para cima. O jovem sentia dores lancinantes, todavia mantinha a consciência.

Subitamente apareceram três senhores que iniciaram o procedimento de resgate de Henrique, que, com insistência, chamava pelo irmão.

– Onde estaria Marcelo que não escutava seus apelos de socorro? – pensava.
Recebeu de um dos seus socorristas um pedido:
– Tenha calma, meu amigo. Vamos retirá-lo daí em instantes.
Apesar das dores que sentia, como se todos os ossos do corpo estivessem partidos, conseguiu perguntar:
– Quem são vocês? Onde está meu irmão?
– Somos da equipe de resgate. Tranquilize-se, seu irmão já está a caminho. Vamos aplicar-lhe um sedativo para que você relaxe e possamos levá-lo ao hospital, está bem?
– Estou muito machucado? Não consigo sentir o meu corpo... Como estou? Por misericórdia, me digam...
– Você ficará bem. Tenha coragem e fé em Deus. Sabe orar?
– Não sei orar...
– Então, vamos orar juntos. Acompanhe-me meu filho, no Pai-Nosso.
À medida que Henrique foi repetindo as palavras da prece ensinada por Jesus, sentiu-se mais leve e, serenamente, adormeceu.

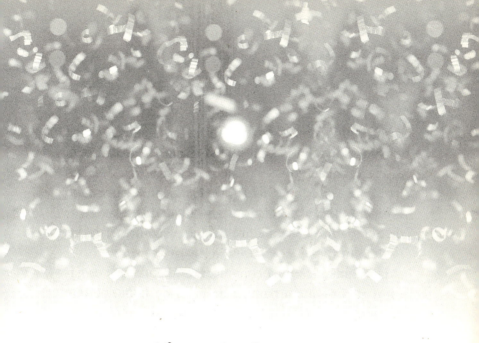

Dor extrema

— Pai... pai... Estou ligando, porque acabou de ocorrer um acidente...

— Acidente? Com quem? Fale, Marcelo...

— O carro de Henrique derrapou na estrada e capotou...

— Meu Deus, onde?

— Próximo de casa, no quilômetro 34 da estrada...

— Como está seu irmão? Onde ele está?...

— Não consegui retirá-lo do carro no momento do acidente. O resgate chegou e está levando o Henrique para o hospital.

— Estou indo imediatamente. Como está ele?

— Não sei bem, pai... Pareceu-me muito ferido, mas os enfermeiros disseram que ele irá se recuperar.

Valmir, que atendera à ligação na biblioteca de sua

casa, dirigiu-se até a sala de visitas, onde se encontravam dona Ema e Clotilde, sendo extremamente discreto com sua mãe. Não poderia avisá-la de chofre, pois temia que a forte emoção produzisse algo inesperado. Era necessário respeitar a idade avançada e dar a notícia somente depois de conhecer todos os detalhes.

Usou uma desculpa convincente dizendo que os garotos se atrasariam para se despedir da nona, porque encontraram alguns amigos e demorariam em regressar. Coisa de jovens...

Procurando manter-se calmo, não alertou a esposa, com receio de que sua mãe, extremamente perspicaz, notasse que ele procurava esconder alguma coisa.

Clotilde percebendo que o marido não estava bem, discretamente perguntou:

– Querido, o que foi? Você está pálido...

– Estou um tanto indisposto. Acho que foram os excessos que cometi durante a festa. Vou pedir para que Jarbas leve mamãe para casa e talvez descansar um pouco...

O motorista foi chamado enquanto o casal se despedia da nona que, zelosa como mãe e avó, fez as recomendações rotineiras para o filho, nora e netos.

Assim que dona Ema saiu, Valmir procurou suavizar a notícia ao máximo para Clotilde, informando a respeito do acidente, porém, Henrique estava bem e fora levado para o hospital para exames. Coisa de rotina, nada mais.

Clotilde, com a sensibilidade que todas as mães pos-

suem, achou muito tranquila a forma com que o marido se expressava. Parecia que ele minimizava os fatos. Não conseguindo conter as lágrimas, questionou:
— Valmir, por favor, diga-me a verdade. Você está tentando me convencer de que está tudo bem com o nosso filho?
— Está tudo bem... Vamos ao hospital, Clotilde. O Marcelo também não pôde informar muita coisa e está se dirigindo para lá.
— Vou ligar para ele no caminho, para saber mais detalhes...
— Espere até chegarmos. Tranquilize-se...
Durante o percurso, Valmir lutava para que Clotilde não entrasse em desespero, solicitando calma, porque tudo acabaria bem. Repetia que os médicos são muito responsáveis e não iriam liberar Henrique do hospital, sem finalizar todos os procedimentos.
Ao chegarem à recepção, encontraram Marcelo, que havia recebido apenas informações iniciais. Os médicos aguardariam os pais para falar a respeito do estado de saúde do jovem acidentado.
Não demorou e um dos facultativos responsáveis pelo plantão chamou-os em sala reservada. Apresentando-se, iniciou o diálogo com muita serenidade e respeito, dizendo:
— Senhor Valmir, dona Clotilde, sou o doutor Norberto...
Mal colocara as primeiras palavras e Clotilde ansiosa interrompeu-o:
— Desculpe, doutor, como está o meu filho?

– Senhora, o Henrique deu entrada em nosso hospital em estado delicado, em virtude dos ferimentos sofridos.
– Deus! Ferimentos? Meu marido foi informado pelo Marcelo que ele estava bem...
– Entendo... No entanto, por favor, procurem se acalmar, o estado de Henrique era crítico e, infelizmente, ele não resistiu aos traumas sofridos e com falência em vários órgãos...

O médico não precisou terminar a frase, porque Clotilde entrou em pranto convulsivo, enquanto Valmir e Marcelo, com os rostos banhados em lágrimas, abraçaram-na.

– Quero ver meu filho, quero meu Henrique... Meu Deus, não é possível que isso esteja acontecendo... Não é verdade, não pode ser...

O doutor Norberto conduziu-os até o apartamento, onde se encontrava Henrique, que parecia estar serenamente adormecido. O corpo coberto permitia que pudesse ser visto somente o rosto, que apresentava apenas pequenas esfoliações, transmitindo a impressão de que nada grave ocorrera.

Clotilde abraçou o corpo sem vida de seu filho amado, beijando inúmeras vezes seu rosto frio. Sentia o coração dilacerado, como se parte de sua alma tivesse sido arrancada.

No auge de seu desespero, chamou o filho várias vezes, tentando despertá-lo de um sono profundo. Não resistindo mais à carga emocional, desmaiou...

Momentos de provação

Clotilde foi imediatamente socorrida pelo facultativo que se encontrava ao seu lado e, após a calma se estabelecer, dentro dos limites possíveis, Valmir ligou para o médico da família, não só para notificá-lo do ocorrido, mas também para que ele pudesse acompanhá-lo até a residência de sua mãe.

Seu maior receio era a idade avançada de dona Ema. Um choque emocional de tamanha proporção poderia ocasionar-lhe traumas inesperados.

Acionou seus assistentes e seu secretário particular para que fossem tomadas as providências relativas às exéquias e, que os familiares, parentes e amigos fossem comunicados.

Valmir sentia-se anestesiado, como se aquilo não estivesse acontecendo. Tinha a sensação de estar fazendo parte de um teatro vivo, e que, em determinado instante, as cortinas se fechariam e tudo voltaria ao normal, com Henrique e Marcelo sorrindo, sendo acariciados por ele e pela esposa.

No entanto, com o passar das horas, por mais que lutasse para manter este estado, a realidade apresentava--se tal qual era, nua e crua. A família sendo avessa à religião, não cultivando os aspectos relativos à espiritualidade, criava as condições ideais para a revolta.

Questionava-se quanto à existência de Deus. Se ele realmente existisse, porque ceifara a vida de um jovem com um futuro que se desenhava totalmente brilhante à sua frente? Que Pai era esse que se divertia com as dores de seus filhos.

Mantendo pensamentos equivocados sobre si mesmo e sua condição de espírito imortal, vivendo uma existência automatizada, sem qualquer relação de criatura e Criador, dava a oportunidade para desencarnados em profunda ignorância espiritual se aproximarem em regime de associação vibratória, podendo uns insuflar--lhe pensamentos de revolta e outros, vibrações de dor e de sofrimento.

Quando viu o corpo de Henrique acomodado no esquife, sua aparente fortaleza cedeu ao desespero. Em instantes, entrou em profundo desvario, maldizendo tudo e todos pela desdita.

O facultativo da família que o acompanhava naqueles instantes teve que intervir com medicação calmante, procurando evitar maiores dissabores com o próprio bem-estar do cliente e amigo.

Para a visita à dona Ema, o médico achou melhor que fossem na companhia de Marcelo, que àquela altura parecia estar em melhores condições psíquicas para avisar a avó. Antes de saírem, ministrou medicamento adequado para aquela mãe, que se esvaía em lágrimas desesperadoras.

Na residência da matrona, foram extremamente zelosos em comunicá-la e auxiliá-la a fim de preparar-se junto com a cuidadora de plantão, para que pudessem se dirigir ao velório.

O encontro de dona Ema com o filho e a nora, no local onde Henrique era velado, proporcionou fortes emoções em todos os presentes. Principalmente pelas atitudes de Clotilde, que cobria de beijos as faces frias de seu filho, pedaço de seu coração, que partia para sempre, segundo seus conceitos fortemente arraigados na existência do "nada".

O sepultamento foi realizado logo pela manhã de segunda-feira, com o comparecimento de todos os amigos e familiares.

Os momentos difíceis ainda teriam continuidade quando retornassem ao lar sem a companhia daquele filho adorado.

Marcelo passaria a ser ao mesmo tempo o retrato do amor e da dor naqueles corações amargurados. Projetariam nele todas as suas expectativas, o que, sem dúvida, constituiria para o futuro um grande problema de relacionamento.

Por vivenciarem a existência totalmente calcada no materialismo, cercariam o rapaz de cuidados extremados a partir daquele instante, criando para si próprios uma obsessão doentia.

Na dimensão espiritual

ENQUANTO ISSO, NA dimensão espiritual, Henrique encontrava-se sob severo tratamento em pronto-socorro instalado na crosta do planeta, onde eram atendidas entidades recém-desencarnadas, provenientes de traumas por acidentes e também casos específicos de suicídios inconscientes.

O acidente já se distanciava no tempo há cerca de duas semanas, quando o jovem começou a despertar. Totalmente alheio à sua situação, acreditando estar alojado em seu corpo físico, surpreendeu-se com o local onde estava instalado.

– Onde estou? Que lugar é esse? Quem é o senhor?

O facultativo responsável pelo posto de atendimento

emergencial, tendo exata noção da falta de conhecimento da vida espiritual por parte do rapaz, respondeu com as informações de praxe, visando não chocá-lo com a realidade, até porque não seria de forma alguma aceita por Henrique.

– Sou o doutor João Pedro. Você está em um hospital especializado no atendimento de traumas causados por acidente. Tranquilize-se! Com o passar dos dias, de acordo com a sua recuperação, daremos os pormenores de sua situação.

– Onde estão meus pais e o meu irmão? E minha avó?

– Tão logo você esteja sentindo-se melhor, mais disposto, eles estarão aqui em visita. No momento, o mais importante é manter-se sereno para que seu estado de saúde se restabeleça por completo.

– O que aconteceu?

– Houve um acidente com o seu veículo, em uma das curvas da estrada, por conta do óleo existente no acostamento e a alta velocidade.

– Acidente? Não me recordo de absolutamente nada... Minha única lembrança é estar dirigindo e entrando em uma curva...

– Aplicamos medicação para anular a lembrança desagradável da ocorrência. Não é necessário ficarmos rememorando fatos penosos, que só influenciam negativamente o processo de recuperação. No momento, o melhor a fazer é descansar para que o tratamento possa obter resultados mais objetivos.

– Mas... Sinto-me bem! Preciso levantar um pouco, sair deste leito, falar com meus pais...
– Vamos aguardar um pouco mais...
– Não posso. Quero levantar-me, vou sair daqui...

O médico, ao ver que Henrique estava entrando em agitação descontrolada, pôs sua destra na altura do centro de força coronário do jovem. O passe magnético produziu efeito anestésico imediato.

Neste ínterim, entrou o enfermeiro de plantão, colocando-se à disposição.

– Doutor, nosso sistema de monitoramento detectou uma agitação excessiva do paciente. Posso auxiliar em algo?

– Não é necessário, Josias. Obrigado pela atenção. O nosso jovem paciente registra os apelos desesperados dos familiares, com quem está em ligação mental plena.

– Como assim, doutor?

– A extrema aflição por parte dos pais em relação ao seu desencarne e a total falta do cultivo da prece favorecem este quadro de desequilíbrio. Se os nossos irmãos encarnados soubessem da importância da ligação com o Criador, por meio da oração, em muito auxiliariam a si mesmos na manutenção do controle dos sentimentos e também a seus entes queridos que partem em direção a Pátria Espiritual. Henrique sente o chamamento desesperado dos corações amados, que não procuram se afinar com os aspectos espirituais. É lamentável, estagiarmos no mundo, crendo somente naquilo que a matéria possa nos oferecer.

– É fato, doutor. O número de casos que atendemos aqui, em condições de plena ignorância espiritual, é considerável.

– Mesmo com o Evangelho de Jesus já se encontrando à disposição de todos nós há mais de dois mil anos, ainda somos resistentes quanto às verdades que ali encontramos. Como podemos constatar diariamente, a preocupação com o poder, o dinheiro e a conquista dos bens materiais, geralmente, é o foco central das criaturas que se encontram reencarnadas. Não estou, com isso, dizendo que não devamos participar ativamente da melhoria de nossa vida e da influência positiva na sociedade pelo esforço continuado, na busca de alcançarmos os nossos objetivos. No entanto, fascinar-se por eles e desconsiderar nossa realidade de espíritos imortais é o que costuma apresentar os maiores problemas de entendimento na passagem do plano físico para a dimensão espiritual.

– O senhor que acompanhou o despertar do Henrique. Como ele está neste aspecto?

– Infelizmente como a grande maioria, Josias. Acredita plenamente que se encontra na organização fisiológica e, de imediato, questionou sobre a presença dos pais. Precisaremos aumentar a vigilância, porque a possibilidade de Henrique querer retornar ao lar é imensa. Como a prece, que poderia ser o antídoto para o desespero, neste caso, é ignorada, o magnetismo proveniente da família é totalmente assimilado, reforçando o nosso paciente para a possibilidade de fuga de nossa unidade de atendimento.

– Vamos redobrar os nossos cuidados, doutor. Avisarei aos demais plantonistas.

– Obrigado, Josias. Por enquanto, o melhor é deixar que o nosso jovem amigo repouse um tanto mais. Vamos continuar nossas visitas...

A fuga

HENRIQUE, AO MESMO tempo em que se recuperava dos traumas sofridos ao seu perispírito por atitude imprevidente em relação às questões de segurança e de preservação da vida, mostrava-se cada vez mais impaciente. Seu desejo era voltar imediatamente ao lar, de onde acreditava ter se ausentado por um pouco de tempo. Não conseguia entender a falta de contato com os seus familiares. Eram tão unidos e, neste momento de sofrimento e dor, pareciam ter se afastado completamente.

Elaborou seu plano de fuga e, em um momento de maior movimento no posto de socorro, onde a chegada de novos internos sempre ocupava sobremaneira a equipe de médicos e enfermeiros, debandou em trajes sumários, utilizados para os pacientes do posto de socorro.

Enquanto corria em busca do lar, percebia-se mais

leve, tendo a impressão de que seus passos se davam aos saltos e seus pés não pareciam tocar o chão. Desviava-se dos transeuntes, que o ignoravam totalmente vindo mesmo em sua direção, sem qualquer cuidado.

– Que medicação seria aquela que haviam ministrado no hospital, que fazia sentir-se assim tão diferente? –perguntava-se.

Procurou não dar maior importância ao fato, quando reconheceu os arredores de seu bairro. Um único objetivo estava em sua mente: voltar ao lar!

Sentia a cabeça dolorida, notando que a única coisa que o incomodava era uma espécie de atadura, feita de um material diferente ao toque. Ao tentar retirá-lo, a dor subitamente aumentou.

Acreditando que talvez a faixa estivesse grudada no ferimento causado no acidente, achou melhor não utilizar de força para removê-la. Estranhamente, ao passar as mãos ao redor da cabeça, não percebia sinais de pontos ou cortes. Entretanto, quando tocava a região, a dor aumentava.

Finalmente, com as forças exauridas, chegou defronte ao lar.

A porta principal estava trancada, porém, ele sabia que uma entrada na parte de trás da casa ficava sempre com a fechadura destravada. Foi até lá e notou que a porta não abrira como de costume, mas, entrou na casa sem maiores problemas.

Ao ver o mordomo, perguntou sobre sua mãe que, naquela hora da tarde, provavelmente, deveria estar descansando. Incrivelmente, o funcionário nem sequer prestou-lhe atenção.

Irritado, gritou com o homem, que olhou em sua direção, parecendo perceber algo, mas, logo em seguida, deu de ombros e retirou-se.

Henrique ficou atônito com o descaso daquele profissional que deveria servir-lhe. Isso não ficaria assim, à noite, falaria com seu pai, para que as devidas providências fossem tomadas com aquele sujeito prepotente.

Foi até a cozinha, onde estavam as demais funcionárias, que também não dirigiram o olhar para a sua pessoa. Seus pensamentos estavam ainda mais tumultuados. Será que todos haviam feito algum tipo de pacto para não lhe dar atenção? Aquilo tudo tinha, sim, uma explicação. As drogas ministradas naquele hospital produziam um pesadelo que parecia ser real.

Somente Rex, o belíssimo cão da raça Golden retriever, percebeu a presença dele e veio em sua direção abanando o rabo e fazendo festa.

Abaixou-se para acarinhar o belo animal, reparando que Rex estava com a pelagem mais sutil e seu corpo menos maciço. O cão logo se retirou quando ouviu o chamado de sua dona. Henrique respirou aliviado. Sua mãe estava em casa e, se ele estivesse tendo um pesadelo, ou mesmo sofrendo os efeitos dos medicamentos, quem sabe ela não poderia socorrê-lo?

Dirigiu-se para o local de onde partira o chamado e foi direto para a sua suíte. Outra surpresa lhe aguardava. Encontrou a mãezinha querida sentada em sua cama, contemplando os objetos de seu quarto, como se inspecionasse tudo nos mínimos detalhes.

Ao aproximar-se, pôde notar o rosto de Clotilde extremamente abatido, tendo em suas mãos um lenço encharcado, no qual tentava conter um pouco das lágrimas que caíam aos borbotões.

Não entendendo o que se passava, desesperou-se:

– Mãe, minha mãe, estou aqui! O que está acontecendo? Por que as lágrimas? O que foi? Por favor, me fale...

Clotilde, diante do sofrimento atroz, com o seu coração em pedaços, pareceu sentir a presença do filho querido e murmurou:

– Henrique, Henrique, meu filho... O que será de mim e de nossa família sem você?

– Mãe, estou aqui... Veja, estou com você... Como assim, o que será de nossa família sem a minha presença?

Ela se levantou e, passando por Henrique, sem dirigir-lhe o olhar, saiu do ambiente. Estupefato, ele caiu de joelhos e gritou:

– Por misericórdia, será que alguém pode me tirar desta tortura? O que vocês fizeram comigo neste hospital? O que me injetaram? Tirem-me deste pesadelo absurdo...

Seus gritos de pavor, se misturaram com as lágrimas de desespero. Exausto, deixou-se cair no tapete, fechando fortemente os olhos na tentativa de sair daquela situação tétrica.

Estou vivo...

O HORROR DAQUELES instantes vividos por Henrique aumentou exponencialmente quando ouviu sua mãe passando a chave e trancando a porta de seu quarto. No desconhecimento de sua situação como desencarnado, entendeu que estava restrito ao ambiente em que se encontrava. Correu até a porta e aos gritos de desespero, pedia que sua mãe que não tomasse tal providência.

Não conseguia compreender as atitudes de completa desatenção das pessoas em relação a ele, e agora o porquê de estar sendo trancafiado pela própria mãe, que sempre demonstrara profundo amor pelos filhos.

Se tudo aquilo não fosse um sonho macabro, talvez estivesse sofrendo um processo esquizofrênico. Inferiu que a dor de cabeça que sentia depois do acidente, do qual, aliás, não mantinha nenhuma lembrança, poderia ser a razão. Sim, era isso. Provavelmente estaria condenado a viver essa realidade, porém, por quanto tempo?

A dúvida lhe assaltava massacrando suas esperanças e por horas passou em pranto convulsivo, adormecendo pelo esgotamento de suas energias. Despertou com o barulho da maçaneta e alguém falando a respeito da porta trancada.

Procurou prestar maior atenção e reconheceu a voz do irmão, que perguntava para a jovem funcionária da residência:

– Maria, por que a porta da suíte do Henrique está fechada à chave?

– Sua mãe tem trancado ultimamente. Disse que não quer que nada saia do lugar. Está exatamente como seu irmão deixou as coisas dele, no domingo em que sofreu o acidente.

– Você tem a chave?

– Não, senhor, está com a sua mãe. Não temos autorização para entrar no quarto.

– Falarei com ela...

Henrique encheu-se de esperança. Certamente Marcelo poderia auxiliá-lo, tirando-o daquela posição.

Perdeu a noção de tempo e, de repente, ouviu a fechadura destravar. Marcelo entrou buscando alguma coisa, que poderia ter deixado em seu quarto.

Correu em direção ao irmão, abraçando-o fortemente e aos gritos de alegria:

– Marcelo, Marcelo, estou aqui... Ajude-me, por favor... Preciso sair desta condição em que me encontro...

Seu irmão percebeu a abordagem e por um instante

teve uma indisposição, sentindo certo aperto e um arrepio estranho em seu corpo. Teve a impressão de que não estava sozinho, mas logo procurou mudar seu foco para aquilo que procurava.

Nada de muito importante. Buscava a munhequeira que tinha emprestado ao irmão, para a partida de tênis.

De repente, foi abordado por Clotilde, que se mostrava visivelmente contrariada:

– Marcelo, o que você está fazendo aqui. Onde conseguiu a chave do quarto?

– No molho de chaves de reserva, no escritório do papai.

– Você sabe que não quero que ninguém entre aqui. Por que não falou comigo? O que você quer?

– Tenha calma, mamãe. Somente vim buscar a minha munhequeira que havia emprestado para Henrique. Ele havia perdido aquela que era dele.

– Gostaria que você recolocasse no lugar. Por favor, compre outra.

– Mamãe, acho que está na hora de conversarmos um pouco, não?

– A respeito de quê?

– Sobre o que o papai vem falando com você em relação à manutenção deste refúgio de dor.

– São momentos que eu tenho de intimidade comigo mesma e gostaria muito que vocês respeitassem.

– Desculpe contrariá-la. Mas tenho visto que se trata de momentos de sofrimento amargo, sem razão de ser. Creio ser mais salutar que você procure auxílio psicológico ou mesmo psiquiátrico neste período.

– Como ousa falar assim comigo? Sou sua mãe!
– Não estou desrespeitando a senhora. Por muito a amar, temo pela sua saúde. Você poderá entrar em quadro depressivo mais acentuado, comprometendo seriamente seu equilíbrio.
– Quantas vezes terei que repetir para seu pai, e agora para você, que estou bem? Tenho saudades e trata-se de meu direito, não?
– Sem dúvida! No entanto, essa configuração que está sendo mantida, com o quarto de Henrique totalmente montado e trancado à chave, não auxiliará em nada sua recuperação. Mamãe, pondere, por favor...
– Não posso. Aliás, não quero. É a minha vontade...
– Mais uma vez, insisto: sua vontade não pode prevalecer, colocando todos nessa casa debaixo deste cenário de sofrimento...
Clotilde mostrava-se cada vez mais resistente e, alterando a voz, ordenou:
– Será mantido dessa forma e ponto final!
– Mamãe, Henrique está morto. Nada poderá trazê-lo de volta.
– Não diga isso. Ele não morreu no meu coração. Agora saia deste quarto imediatamente.
As lágrimas voltaram a inundar os olhos dela. Marcelo, ao ver que se excedera com o coração materno, abraçou-a, desculpando-se.
– Perdoe-me, mamãe. Acredito que me excedi em minhas colocações, mas, realmente, estamos preocupados com você...
Abraçando Marcelo, Clotilde procurou conter-se:

– Entendo, filho, entendo...
Henrique estava estupefato. Registrara a conversa de ambos e não podia crer no que ouvira. Logicamente, em sua limitação sobre si mesmo, captara a conversação pelas ondas mentais. Contudo, acreditava estar registrando os sons pelos ouvidos do corpo físico, que já não possuía.
O fio de esperança quebrou-se e deu margem ao desespero atroz. Agarrando-se ao irmão, gritava em desvario:
– Marcelo, é mentira, é mentira... Estou vivo, vivo...
O irmão notou que algo lhe sufocava e, sem qualquer motivo, ao sair da suíte de Henrique, sentiu uma profunda dor de cabeça. Provavelmente a argumentação com sua mãe promovera o desconforto físico. Nada que um bom analgésico não resolvesse.

Ocorrência previsível

No Posto de Socorro, Josias procurou o doutor João Pedro em sua sala para informar-lhe o ocorrido:

— Doutor, com licença...

— Pois não, Josias. Entre, entre... Diga, meu amigo, como posso ser útil?

— Bem... Henrique deixou o Posto de Socorro...

— Previsível, meu caro Josias... Previsível... Com as correntes vibratórias advindas de seus familiares exercendo uma atração poderosa, o desdobramento não poderia ser outro. Como aconteceu?

— Foi durante a recepção de novos pacientes que ele empreendeu a fuga. Necessitávamos de todos os enfermeiros, pois tivemos uma ocorrência de acidente com um ônibus, levando a óbito um número expressivo de irmãos. Não poderíamos mantê-lo por mais tempo sedado nem tampouco atá-lo à cama, porque não se trata de enfermo com problemas psiquiátricos. Jofre, o responsável pelo plantão no andar em que Henrique estava internado, veio prestar auxílio aos recém-chegados, foi quando o rapaz pulou a janela e desapareceu... O senhor gostaria de falar com o Jofre?

– Não há necessidade. Ele é um trabalhador dos mais competentes. Se aconteceu com ele que tem vasta experiência no trato com os pacientes que procuram fugir do Posto, com certeza, isto poderia ocorrer com qualquer um. Bem, vamos ver o que podemos fazer pelo nosso jovem amigo... Vamos nos preparar para ir até a residência da família de Henrique. Por favor, Josias, solicite ao Jofre e a um dos nossos seguranças que nos acompanhem.

– Posso designar o Carlito?

– Perfeitamente. Partiremos por volta das duas horas da manhã, quando todos deverão estar em profundo repouso na residência do rapaz, está bem?

– Está perfeito!

No horário acordado, os convocados estavam na sala do facultativo, prontos para a jornada. Após a sentida prece feita pelo doutor João Pedro, puseram-se a caminho. O Posto de Socorro não distava muito da residência dos pais de Henrique. A dimensão espiritual em que se encontrava era praticamente o desdobramento do bairro onde os gêmeos haviam crescido.

Ao chegarem, notaram que a casa não possuía nenhuma proteção espiritual, pois portas e janelas no plano extrafísico, encontravam-se escancaradas.

Entidades desocupadas e infelizes estavam acomodadas em algumas das salas da riquíssima mansão. Não tinham intenções malfazejas, sendo mais ignorantes do que realmente más. Encontraram refúgio conveniente e ali se instalaram.

Algumas poucas se mantinham chorosas e depressivas, atraídas pelo ambiente de luto extremo, principalmente por parte dos pais do jovem desencarnado.

O doutor João Pedro e sua equipe nem sequer foram identificados pelos presentes, por vibrarem em posição superior, tendo seus perispíritos mais sutilizados.

Buscaram Henrique e facilmente o encontraram literalmente preso ao seu irmão, que repousava profundamente, após ter ingerido uma pílula de analgésico. A medicação tomada demonstrava uma potência excessiva, pois Marcelo, desdobrado do corpo físico, permanecia praticamente anestesiado.

O médico solicitou que todos reduzissem a sutileza das suas organizações perispirituais para serem identificados pelo jovem.

Tão logo Henrique divisou os membros da equipe à sua frente, sendo liderados pelo doutor João Pedro, gritou:

— Não voltarei com vocês para aquele hospital. Estou bem... Deixem-me aqui, que é o meu lugar. Pesadelo, drogas que me foram aplicadas, loucura ou não, ficarei com os meus familiares. Agora, façam-me o favor de me deixar em paz...

O facultativo tomou a palavra:

– Não queremos violentar sua vontade, meu filho. Apenas auxiliá-lo a terminar seu tratamento e esclarecê-lo a respeito de sua situação, quando for conveniente.

– Não sairei daqui em hipótese alguma. Por favor, afastem-se de mim.

Neste ínterim, entrou Clotilde desdobrada e, ao ver a cena, identificando Henrique, saltou em sua direção como se buscasse protegê-lo de malfeitores. Tentou avançar contra o facultativo e a sua equipe, com gritos alucinantes:

– Afastem-se de meu filho... Saiam de minha casa... Deixem-nos em paz... Valmir, Valmir, onde está você que não vem ao nosso socorro?

Para que a situação não ficasse totalmente fora de controle, o médico aplicou fluidos no coronário de Clotilde, que retornou ao corpo físico rapidamente, despertando de seu sono.

– Doutor, o que faremos? – questionou Josias.

– Neste instante, não podemos agir contra a vontade de nossos irmãos. Façamos uma prece e retornemos ao Posto.

Com a prece desta vez dirigida por Josias, a pedido do médico, seus corpos espirituais retornaram à condição mais sutilizada, enquanto todos vibravam paz em favor daqueles corações desequilibrados e em desespero.

Ao saírem da residência, Carlito aproximou-se perguntando:

– Por favor, doutor, quais serão os desdobramentos neste caso? Fiquei curioso também sobre as reações de Clotilde...

– A nossa irmã, ao receber os fluidos em seu centro de força coronário, foi estimulada ao retorno ao corpo denso. Permanecerá em sua lembrança o reencontro com Henrique, de maneira absolutamente sutil. Como a família toda mantém acesa a chama do materialismo, ela terá a nítida impressão de que as imagens do filho querido são aquelas guardadas em sua memória.

– Mas ela se desdobrou e foi até nós...

– Sim, é verdade. Contudo, nos circunscrevemos ao local que mais valorizamos. A casa de Clotilde é o seu refúgio e, quando esta sai de seu corpo adquire certo grau de lucidez, o que é raro nestes casos, fica analisando os aspectos do que deve ser melhorado ou feito em sua mansão. Em relação ao episódio de momentos atrás, nossa irmã vive um monoideísmo em relação ao filho, que, por instantes de lucidez, pode vê-lo e também a todos nós, crendo falsamente que estávamos com intenção de prejudicá-lo. Por outro lado, não podemos forçar consciências, respeitando as escolhas de cada um. Trazer Henrique à força seria violentá-lo em sua vontade.

– E o que poderá ser feito, doutor?

– Aguardaremos o tempo e as instruções de nossos superiores sobre este caso. Vamos continuar em preces em favor deles, como fazemos regularmente com todos aqueles que temos vínculos de serviço e, pacientemente, esperaremos que a Misericórdia Divina atue da maneira que seja mais conveniente para a família toda. Não podemos esquecer, Carlito, que o Senhor nos ama e auxilia sem ferir ou violentar Seus filhos. Aguardemos que a Sua Sabedoria nos oriente.

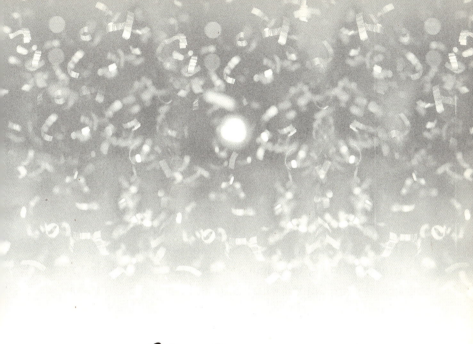

Mediunismo assustador

Os dias foram passando e a dor de cabeça de Marcelo não melhorava, apesar dos analgésicos que tomava à revelia, sem qualquer receituário ou acompanhamento médico.

O fato passou a ser mais um motivo de grande preocupação para Clotilde que resolveu apelar para o marido e solicitar que este falasse com o filho sobre a necessidade urgente de uma visita ao consultório do médico da família.

Durante uma semana, foram realizados diversos exames em Marcelo, dos mais básicos à mais sofisticada análise neurológica. Os especialistas estavam simplesmente abismados, pois não chegaram a nenhum diagnóstico em relação ao quadro clínico do jovem.

As dores eram generalizadas e não tinham hora para iniciar. Geralmente se manifestavam quando Marcelo encontrava-se mais relaxado, principalmente à noite, enquanto repousava. Despertava subitamente, com padecimentos inenarráveis. Seus sonhos passaram a ser tumultuados e, em alguns deles, via-se dentro de um veículo em alta velocidade, indo direto para um precipício, sem que ele conseguisse detê-lo ou desviá-lo da queda certa.

Várias vezes acordava aos gritos, despertando os pais que acorriam para tentar amenizar o sofrimento do filho.

Marcelo vivia, na verdade, um processo de ligação espiritual com Henrique que, no auge de seu desespero, encontrara no irmão que amava tanto a tábua de salvação em seu total desconhecimento quanto à sua situação de desencarnado.

Inconsciente, transferia em regime de associação mental as dores que sentia no seu processo de desencarne. O capotamento do veículo não ocasionara traumas aparentes em Henrique. Somente uma parte metálica desprendida do automóvel causara-lhe pequena perfuração na parte posterior de sua caixa craniana. Porém, como se fora uma seta arremessada em alta velocidade, atravessara seu cérebro, sendo a causa de seu óbito no momento do acidente.

A ligação entre os gêmeos e a falta de informação nos aspectos relativos à vida do espírito favoreciam a aproximação enfermiça. Marcelo, em manifestações mediúnicas de baixo teor, com sensibilidade apurada, assimilava integralmente as vibrações de dor, oriundas do irmão.

Não demorou muito tempo para que essas manifestações mais categorizadas no terreno do mediunismo surpreendessem Valmir e Clotilde.

Certa noite, após serem despertados pelos gritos de Marcelo, dirigiram-se rapidamente até a suíte do filho, na tentativa de socorrê-lo de mais um daqueles pesadelos horríveis e depararam com uma cena tipicamente dantesca. O rapaz encontrava-se sentado na cama, com os olhos vidrados, a coloração da pele totalmente empalidecida, dizendo palavras desconexas. Ao se aproximarem, algumas frases entrecortadas por gemidos começaram a ser formadas:

– Mãe... Me socorra... Não sei onde estou... Meu carro... Me ajude...

Clotilde, em lágrimas, procurou intervir:

– Marcelo, meu filho. Mamãe está aqui, tenha calma...

– Não sou o Marcelo... Sou o Henrique... Preciso de ajuda... Henrique, mamãe... Socorro...

Os pais se entreolharam assombrados com o que ouviam. Valmir abraçou o filho dizendo:

– Meu filho, você é o Marcelo. Henrique se foi...

– Estou aqui, estou aqui...

Foram as últimas palavras de Marcelo que, no instante seguinte, desmaiou.

Os empregados da casa estavam em polvorosa, procurando acudir Clotilde que buscava reanimar o filho. Valmir ligou para o médico relatando a emergência. Apesar do adiantado da hora, em minutos o facultativo tocava a campainha. Foram realizados os exames emergenciais em Marcelo e ministrada medicação calmante. Após a tranquilidade voltar ao ambiente, o pai teve oportunidade de estender as informações ao facultativo, que imediatamente lhe sugeriu procurar um psiquiatra. Marcelo não demonstrava nenhum distúrbio neurológico ou qualquer outro problema que pudesse colocá-lo em situação tão delicada. Segundo constatara, a psiquiatria poderia ser o melhor e único caminho.

Desentendimentos

A RECOMENDAÇÃO DO facultativo deixou o casal ainda mais preocupado com as estranhas manifestações de Marcelo.

Não bastasse a infelicidade com a morte de Henrique, agora o único filho estava demonstrando problemas psíquicos acentuados. Todo o sonho de uma vida feliz e tranquila e a transferência dos negócios da família para um herdeiro pareciam cada vez mais distantes.

O desequilíbrio de Marcelo, com o correr dos dias, transtornava todos os familiares mais próximos, que não encontravam alento ou esperança em decorrência de seus conceitos materialistas. Um forte receio em relação às empresas comandadas por Valmir era de que algo pudesse vazar sobre a saúde do único herdeiro, seu sucessor e, com isso, permitir que os concorrentes utilizassem dessa prerrogativa junto à rede de clientes, transmitindo insegurança em relação à solidez das companhias.

Obviamente, restava a possibilidade da transferência de comando para executivos contratados, sob direção do conselho administrativo. Valmir, como era um homem muito prático, já pensava nos desdobramentos, pois temia que os problemas apresentados com o filho estivessem relacionados à esquizofrenia.

Por manter a visão materialista extremada, agia como veículo de transmissão de energias negativas para Marcelo, acentuando seu desequilíbrio. Ao olhar para o filho, em determinados instantes sentia pena e, em outros momentos, revolta, contra a má sorte que lhe permeava o destino.

Pouco afeito aos tratamentos psiquiátricos, cuja visão tacanha, herdada de conceitos equivocados principalmente de seu pai, entendia que os pacientes da psiquiatria não passavam de desajustados inúteis, necessitando de internação imediata para o devido isolamento da sociedade.

Era interessante verificar como uma inteligência brilhante no mundo dos negócios, no qual a necessidade de atualização é extremamente importante, pudesse alimentar ideias tão antiquadas. Para não ser tachado de ultrapassado ou mesmo um obstinado ou ignorante, dizia-se um conservador, principalmente quando questionado sobre valores que mantinha em determinados pontos de vista.

Muito a contragosto e depois de várias crises do filho, com a insistência sistemática da esposa, deu-se por vencido na questão da consulta ao especialista. Um tanto machista, designou Clotilde para as tarefas relativas às consultas e ao tratamento.

Os apelos da esposa para que compartilhassem estes momentos tão difíceis para a família toda não demoveram o marido de certo acrisolamento que, após o choque da morte do filho, havia mudado muito sua maneira de pensar e agir.

Em uma das discussões com a esposa, chegou ao cúmulo de afirmar que, para ter um filho morto e outro agora com sintomas esquizofrênicos, preferia ter velado os dois.

Ao mesmo tempo em que ia se tornando agressivo com a esposa pela manutenção da revolta, poupava sua mãe de todas as maneiras possíveis, agindo por vezes com atitudes infantis quando estava na casa materna, buscando encontrar um refrigério para o vazio que mantinha em seu íntimo, em virtude de suas convicções.

O relacionamento do casal começou a ficar comprometido, porque, de um lado, o coração materno agia em defesa do filho que vivenciava uma enfermidade desconhecida e de outro, o comportamento infantilizado e inadequado do marido com a sogra incutia certo ciúme na esposa infeliz.

Os problemas agravaram-se ainda mais quando os médicos constataram que alterações em certas funções intelectuais de dona Ema deviam-se ao mal de Alzheimer, que, no caso da matrona, caracterizava-se como muito grave, e a evolução da enfermidade estava fora dos padrões regulares. As deficiências relativas à memória, a orientação no tempo e no espaço, o pensamento abstrato, o aprendizado, entre outros aspectos, seriam comprometidos em curto período.

Por decisão de Valmir, dona Ema deveria ser poupada ao máximo de notícias e informações desagradáveis e, gradativamente, a vida de sua mãe passou a ser de extrema reclusão. A matrona recusava-se a sair de sua residência, até mesmo para as consultas regulares aos médicos que a atendiam.

Todos estes acontecimentos desagradáveis eram permeados com a presença de espíritos ignorantes e também tão infelizes como Valmir e Clotilde, que circulavam dia e noite dentro da suntuosa mansão do casal.

Não demorou muito para os funcionários começarem a se desentender, com querelas ridículas. As controvérsias aconteciam por picuinhas.

A paz do lar estava cada dia mais comprometida. Rapidamente, o acúmulo de energias desagradáveis começou a fomentar momentos de enfermidade em uns, acidentes em outros. Coisas quebravam sem explicação, objetos eram desarranjados sem que ninguém tivesse movido ou alterado suas posições.

Os acontecimentos patrocinavam maiores desalinhos emocionais, permitindo acúmulo de vibrações que eram, muitas delas, vampirizadas pelas perturbadas entidades que aportavam em grande número no ambiente.

Enquanto essas penosas ocorrências eram vivenciadas na residência do casal, na dimensão espiritual, o doutor João Pedro recebia das entidades venerandas as orientações relativas às futuras ações junto ao recém-desencarnado e seus familiares. Era solicitado que não ocorresse uma interferência direta e imediata. O mal aparente, na verdade, tratava-se de medicação adequada, que visava estimular a utilização do livre-arbítrio dos envolvidos, no sentido de conscientização de suas realidades como espíritos. Era chegada a hora, para aquele grupo que se encontrava nas duas dimensões, tanto física quanto espiritual, de tomar um direcionamento diferenciado em suas vidas. As provas de agora tinham como objetivo central o despertar do sono letárgico do egoísmo e do orgulho. Recomendavam-se a prece e a paciência, porque Jesus não descuida um só instante de suas ovelhas.

Primeiras luzes

APESAR DA ENORME resistência de Valmir em relação ao tratamento psiquiátrico, referendado pelo médico familiar, Clotilde levou Marcelo para a sua primeira consulta.

O rapaz mostrava-se abatido e sem desejo para nada. Havia perdido grande parte do brilho da juventude e sua maneira de ser, sempre extrovertida, mudara de forma abrupta, para um quadro introspectivo.

O psiquiatra indicado fez uma análise detalhada, receitando a princípio a medicação adequada aos sintomas, diagnosticando, pelos aspectos apresentados, uma condição clara de dupla personalidade, ocasionada pelos acontecimentos infelizes em relação ao irmão que falecera. O quadro depressivo estava implantado, sendo necessário acompanhamento por parte dos responsáveis, principalmente quanto à medicação a ser ministrada corretamente, para que os resultados esperados surgissem mais rapidamente.

O facultativo explicara que Marcelo, sendo gêmeo univitelino, poderia ter geneticamente aumentado sua sensibilidade com a morte de Henrique, querendo assumir a personalidade do morto, por razões que ainda eram desconhecidas. Parecia ser uma compensação pela falta do irmão, buscando inconscientemente aliviar o sofrimento dos pais.

Informava que a terapia seria de longo curso com o paciente, mas, com certeza, os resultados logo se apresentariam positivos.

Clotilde saiu mais aliviada do consultório do médico, dada a confiança que este lhe inspirara. Marcelo ficaria bem, isso era o mais importante para ele e todos os familiares que estavam interessados em sua rápida recuperação.

Os dias e as consultas se sucederam, mas, apesar da competência do psiquiatra e da medicação utilizada ser monitorada diariamente, o quadro de Marcelo não se alterara suficientemente. Suas crises eram intermitentes, no entanto, não deixavam de se apresentar. Os pais estavam a par que a terapia de fusão das personalidades exigiria certo tempo e que a família deveria se conformar e aguardar pacientemente os resultados.

Clara, uma amiga do casal, discretamente acompanhava o desenrolar dos acontecimentos. Ligou, certa tarde, para Clotilde, e após as saudações iniciais, procurou saber um pouco mais sobre a condução da terapia. Ao ser informada de que Marcelo não apresentava melhoras significativas, sentiu-se motivada a apresentar uma sugestão:

— Amiga, tenho frequentado um grupo espírita que fica situado muito próximo de nosso bairro e me tem feito um bem enorme. Quem sabe se levássemos o Marcelo até lá, para uma consulta e também para uma assistência fluidoterápica? Provavelmente, será de grande valia aliar os dois tratamentos, não?

— Não sei, Clara. Você conhece o Valmir. É de uma resistência enorme em relação à terapia psiquiátrica. Vive dizendo que o Marcelo está sendo transformado em um verdadeiro zumbi, com tanta medicação que toma diariamente. Se eu apresentar mais essa alternativa, talvez ele tenha uma síncope.

— Entendo, Clotilde. Mas a Casa que eu venho frequentando faz atendimentos também durante o dia. Poderíamos levar o Marcelo durante o expediente do Valmir, o que você acha?

— Bem, poderíamos tentar...

— O Marcelo ofereceria alguma resistência?

Nessa altura da conversa, Clotilde fazia força para não transparecer seu sofrimento e disfarçar seu choro. Contudo, a emoção era impossível de ser controlada.

— Clara, meu filho está quase que completamente anestesiado. Pode-se levá-lo de um lado para o outro. Ele praticamente está sendo conduzido por nós, como se fosse uma criança. Porém, tenho uma séria preocupação...

— Diga, Clotilde...

— O ambiente aqui em casa já não é dos melhores e

venho com certa regularidade me desentendendo com o Valmir. Qualquer coisinha é motivo para uma verdadeira guerra entre nós. Se ele desconfiar que eu esteja levando o Marcelo para uma casa espírita, acredito que os problemas irão se agravar ainda mais. Meu marido é totalmente avesso a qualquer tipo de religião, porque sempre achou "coisa" de gente desocupada ou ludibriada por falsas esperanças, arquitetadas por competentes ministros e oradores. De minha parte, sendo muito honesta, não partilho radicalmente das opiniões de Valmir, mas nunca fui afeita a qualquer religião, atendendo somente esses aspectos no sentido convencional, quando envolve casamentos, batizados e situações semelhantes, de filhos ou filhas de amigos ou parentes. Quando as crianças eram pequenas, alguns parentes fizeram menção sobre o batismo, e Valmir se mostrou muito contrariado.

– Entendo perfeitamente, minha amiga. Trata-se somente de uma sugestão. A terapia e a medicação de Marcelo não sofrerão nenhuma alteração. Aliás, essa recomendação no centro espírita é constante. O tratamento convencional não deve ser abandonado, porque, segundo as explicações fornecidas pela doutrina, a enfermidade, uma vez implantada na organização fisiológica, precisa ser tratada. Tenho lido muito as obras espíritas, principalmente neste quesito e observo que o Evangelho de Jesus é medicina preventiva. No entanto, caso estejamos doentes, necessitaremos fazer o tratamento adequado e, em paralelo, a assistência espiritual, buscando com isso corrigir falhas comportamentais, prevenindo maiores problemas futuros e com isto, procurarmos a cura ou, pelo menos, minimizarmos os efeitos desagradáveis da enfermidade.

– É no mínimo interessante, Clara. Por favor, deixe-me pensar um pouco a respeito, está bem?

– Claro que sim. Se precisar de alguma coisa, me avise. Beijos a todos e fiquem com Deus!

– Obrigada, beijos para vocês também.

Informações adicionais

— Bom dia, doutor. O senhor pediu que me chamassem? — perguntou Josias.
 — Sim... Bom dia, meu amigo. Como você tem passado?
 — Bem, obrigado. E o senhor?
 — Tudo ótimo. Solicitei sua presença, porque acabo de receber uma mensagem dos nossos coordenadores, ordenando o início dos trabalhos junto a Henrique e sua família.
 — Que boa notícia!
 — Sem dúvida, Josias. Inicialmente a nossa presença deverá ser motivadora, buscando incentivar Clotilde, a mãezinha de Henrique, a levar Marcelo até a casa espírita frequentada por Clara, amiga muito próxima da família.

– O senhor acredita que encontraremos alguma dificuldade na empreitada?
– Pelas informações que me foram repassadas, teremos certa resistência por parte de Valmir. Mas isso nós iremos constatar *in loco*.
– Poderemos contar com a ajuda de algum familiar que se encontre em nosso plano, doutor?
– Existe certa dificuldade neste ponto, porque a pessoa mais respeitada por Valmir é seu pai, que se encontra atualmente em instituição de assistência, após ter sido resgatado de um isolamento causado por ele mesmo.
– Como assim?
– O genitor de Valmir, materialista convicto em suas concepções a respeito da morte, sempre a considerou o fim de tudo, o nada depois da partida do corpo físico. Encontrava-se em região específica próxima à crosta planetária, reunido com outras mentes associadas na mesma vibração, todos em sono anestesiante. Alguns deles em pesadelos, outros, como o pai de Valmir, em circuito repetitivo.
– Circuito repetitivo, doutor?
– Seu plano mental está literalmente vinculado à última existência, que deixou há tempos. Sua mente centrada na família e preocupações do dia-a-dia projeta em seus sonhos as experiências vivenciadas, em caráter repetitivo.
– De certa forma, ele se encontrava isolado, sem vincular-se a família encarnada, correto?
– Certamente, Josias. Veja, não podemos desconsiderar que, tanto Valmir como o pai, apesar das

convicções materialistas de ambos, são criaturas que possuem responsabilidades e também méritos. Seu pai, como um influente empresário que foi, empregou muita gente. Centenas de famílias proviam seu sustento como funcionários das empresas administradas por ele. O filho, que o sucedeu na direção das empresas, ampliando significativamente cada uma delas, é hoje responsável por um verdadeiro exército de empregados.

– Você pode imaginar a quantidade de empregos indiretos gerados pelo esforço de ambos, ou seja, pai e filho?

– Difícil calcular, não?

– Sim, muito... Como podemos verificar, a caridade pode ser exercida de várias maneiras, uma delas na geração de empregos com salários condignos. Neste particular, Valmir está se mostrando um administrador melhor que o próprio pai. Ele aplica para todos os funcionários o sistema de participação nos lucros, e isso é um veículo motivador para o crescimento de seus negócios, beneficiando e promovendo o esforço de todos.

– Incrível, doutor! Trata-se de um homem generoso. No entanto, materialista extremado. Será que essa influência foi por ter sido recebido em berço de ouro? Ter muito dinheiro?

– Absolutamente, Josias. Inicialmente não podemos olvidar que constituímos nossas famílias por semelhança vibratória. O problema da descrença acentuada de pai e filho tem origem equivocada de longa data. Ambos se encontravam reencarnados na Espanha no século 15. Para ser mais exato, em Aragão e Castela, quando do período mais delicado para aquela monarquia, com o pleno funcionamento do Tribunal do Santo Ofício.

As decepções com os aspectos relacionados à religião foram tantas que levaram não somente eles dois, mas, boa parte do grupo familiar, à total descrença dos valores espirituais.

– Mas, o materialismo não seria uma postura constante de quem possui muitas posses materiais?

– Na questão específica dos recursos financeiros, não poderemos encarar o dinheiro como responsável pelo desencaminhamento de quem quer que seja, porque a moeda que compra o canhão é a mesma que serve para comprar o pão. A questão central é o direcionamento que damos aos valores que gerenciamos, pelo curto prazo da existência terrena. Lembremo-nos, neste particular, de Jesus, quando fez referências positivas à postura justa de Zaqueu, o homem rico, na casa do qual o Mestre ceou e pernoitou. Os valores que conquistamos licitamente não trazem nenhum problema para o ser humano e, sim, desafios.

E prosseguiu:

– O que pode se tornar um grande embaraço é o nosso apego e ganância diante das nossas conquistas. Deus, que é nosso Pai Amantíssimo, não quer para os seus filhos miséria, enfermidade e dor. Isso tudo, infelizmente, é criação nossa que, pelo egoísmo, insistimos em não dividir com o semelhante nossas riquezas, sejam elas materiais ou espirituais. Dia virá, meu caro, que não somente aceitaremos o Evangelho de Jesus intelectualmente, mas, sim, iremos inseri-lo em nosso coração,

transformando conhecimento em sabedoria, pela prática plena do amor ao próximo.
– Deus queira que nos conscientizemos no menor prazo possível sobre isso.
– Deus queira, Josias. Aliás, quem tem que querer, na verdade, somos nós... Bem, acho que já falei demais, não?
– De forma alguma, doutor, suas reflexões são sempre muito proveitosas.
– Obrigado, meu amigo. Você sempre gentil com esse falador inveterado. Bem, vamos preparar nossa visita?
– Certamente, doutor, quando o senhor gostaria de ir até a residência de Valmir e Clotilde?
– Esta noite. Por favor, peça ao Carlito que nos acompanhe. Nunca sabemos quando vamos necessitar de um perito em segurança.
– Devo chamar o Jofre também?
– Creio que não será necessário. Ademais, Jofre está, como todos nós, com uma carga de trabalho considerável nos últimos dias, não?
– Nossa capacidade em receber irmãos recém-desencarnados está quase no limite. Precisaremos brevemente de mais voluntários para o serviço de assistência.
– Farei uma reunião com nossa coordenação e, com certeza, receberemos os recursos necessários, Josias. Bem, podemos nos encontrar por volta da meia-noite aqui em minha sala?
– Perfeitamente, doutor. Até mais tarde.
– Tenha um excelente dia, meu amigo, na paz de Jesus.
– O senhor também.

Primeiros obstáculos

No horário combinado, estava a postos o trio que visitaria a mansão de Valmir.

Após a prece, puseram-se a caminho e, rapidamente, venceram a distância que separava o Posto de Socorro do local onde iniciariam os procedimentos assistenciais.

Ao se aproximarem, notaram que a casa estava cercada por entidades desocupadas, algumas demonstrando completo grau de alienação. As vibrações de desequilíbrio e desesperança emanadas pelos residentes eram as responsáveis pela atração daqueles espíritos infelizes, que buscavam, na sua maioria, partilhar os elementos fluídicos que impregnavam o ambiente.

O doutor João Pedro recomendou que trabalhassem

o adensamento perispirítico a fim de iniciar as atividades, sem o que não seriam percebidos pelo casal, que provavelmente deveria se encontrar desdobrado pelo sono.

Ao adotarem tal procedimento, passariam a ser percebidos também pelas entidades presentes, sendo obrigatório, a partir daquele momento, aumentarem os cuidados e a vigilância.

Tão logo terminou o processo, após alguns minutos de concentração e prece, um dos espíritos que se encontrava mais próximo do trio, ao avistá-los, disparou em direção ao interior da residência.

Em seguida, retornou acompanhado por uma entidade com uma compleição física agigantada e deformações acentuadas, principalmente na face. Sua aparência lembrava um morcego, cujos olhos injetados de sangue transmitiam todo o ódio que carregava em seu íntimo.

Aproximou-se de forma rude e empurrou o facultativo, que não opôs resistência. Gritando, disparou:

– Vocês não são bem-vindos! Que fazem aqui? Não os conheço e percebo pelas vestimentas, que devem ter saído de algum daqueles hospícios religiosos, construídos para a internação dos alienados que vagam sem rumo... Desapareçam imediatamente. Este terreno nos pertence.

Carlito, que possuía um aparelho semelhante ao *taser*, uma arma de eletrochoque, utilizada por algumas forças policiais no planeta, preparou-se para a ação. O doutor João Pedro fez um pequeno sinal com a cabeça, para que nenhuma providência fosse tomada.

Dirigindo-se respeitosamente à entidade, disse:
– Estamos aqui para fazer-lhe um apelo em nome de Jesus.
– Não me venha com essa lorota. Isso é conversa de pastor. Suma daqui antes que eu os espanque e os coloque para correr...
– Peço ao senhor que me deixe expor o motivo de nossa visita...
O médico foi subitamente interrompido com um novo empurrão, afastando-o da frente do grandalhão, que possuía cerca de uns dois metros, tamanha a força empregada. Carlito retirou o aparelho do cinto, causando naquele instante certo receio na entidade. Enquanto isso, os demais desencarnados que se encontravam dentro da mansão saíram para o jardim e iniciaram uma verdadeira algazarra, estimulando o gigante aos gritos, para que agredisse aqueles que acreditavam ser os invasores.
A um sinal, o doutor João Pedro solicitou que Josias e Carlito se afastassem. Dirigindo-se ao agressor, que agora se postava como comandante da corja, concordou:
– Está bem, meu irmão. Por agora iremos nos retirar. Fiquem na paz do Cristo.
– Leve a paz do seu Cristo com você, seu lunático poltrão. Sumam daqui, idiotas, que mais se parecem com os três patetas...
Gargalhando estridentemente, a pobre entidade era acompanhada em coro pelos infelizes que o bajulavam.
Josias, tomando certos cuidados, aproximou-se questionando:
– Está tudo bem, doutor?

– Sim, Josias, estou bem, não se preocupe.
– Que faremos agora? – perguntou Carlito.
– Bem, meus amigos... Teremos que apelar para os respectivos reforços. Irei contatar nossos responsáveis imediatamente, solicitando que enviem voluntários que atuam na segurança do hospital ao qual estamos vinculados em plano superior. Creio que em minutos teremos pessoas especializadas para lidar com esta situação.

De fato, entre a solicitação mental dirigida aos seus superiores e a chegada de um veículo aéreo de grandes proporções, trazendo cerca de trinta seguranças, não decorreu mais do que vinte minutos.

Ao desembarcarem, o responsável pelo agrupamento apresentou-se:
– Doutor João Pedro, presumo?
– Sim, senhor, eu mesmo.
– Chamo-me Bonifácio, encarregado deste grupo de servidores na área de segurança. Em que podemos auxiliá-lo?

Sinteticamente, o médico explanou os acontecimentos e ouviu de Bonifácio:
– Peço que o senhor renove a solicitação ao infeliz irmão, porém, desta vez, estarei ao seu lado, enquanto os demais companheiros procederão ao cerco da mansão. Certamente, ao ver-nos, eles deverão desocupá-la em paz. Pelo menos, assim espero.
– De acordo, meu irmão. Façamos nossa oração e poderemos iniciar os procedimentos – convidou o facultativo.

Todos se uniram em prece e, em seguida, receberam

as orientações de Bonifácio, para se posicionarem ao redor da residência.
Em instantes, a casa toda se encontrava cercada. Algumas entidades que estavam no jardim, ao avistarem os voluntários uniformizados e portando bastões em suas mãos, correram para o interior, aos brados.
Novamente, o grandalhão surgiu e, ao ver o médico acompanhado de Bonifácio, evitou aproximar-se como da primeira vez.
– Agora vejo que o covarde de branco chamou reforço. Saiba que não sairemos daqui sem luta... Já disse e repito: o terreno é nosso...
Foi a vez do médico falar:
– Meu irmão, não será necessário o confronto. Viemos em paz. Contudo, nossa missão é a de auxiliar os nossos irmãos que se encontram em sofrimento. Caso queiram, ofereceremos também a assistência adequada a todos vocês.
– Não precisamos da assistência de ninguém. Estávamos em paz, até vocês aparecerem. Deixem-nos... Não temos nada com a sua banda... Não se metam com quem está quieto. Quantas vezes tenho que dizer que estamos em local que nos pertence?
– Nada nos pertence, meu irmão. Tudo é de propriedade divina, onde apenas somos meros usufrutuários, a começar do próprio corpo que nos reveste. Na realidade, nós também somos de Deus...
– Chega de conversa fiada. Pessoal, vamos botar esses estúpidos para correr...
Bonifácio, ao ver as entidades que se postavam ao

lado do grandalhão iniciarem o avanço, agiu rapidamente e, utilizando-se de um aparelho que estava preso ao seu cinto, apontou-o para o ar. O instrumento produziu um som de alta intensidade, semelhante a estampidos repetitivos.

Um dos espíritos que avançavam mais destemidamente estancou e gritou:

– Eles estão armados de metralhadora... Fujam, fujam... Nada podemos fazer apenas com as nossas mãos...

Enquanto várias entidades fugiam espavoridas, outras recuavam receosas.

O líder gritava impropérios e ordenava que retornassem e avançassem sobre os servidores dirigidos por Bonifácio. Porém, o tumulto estava criado e rapidamente o gigante se viu isolado.

Decidiu retirar-se fazendo ameaças:

– Isso não vai ficar assim. Eu voltarei com gente que não se acovarda diante de idiotas como vocês... Voltarei, me aguardem...

Orientações importantes

JOSIAS, APROXIMANDO-SE DISCRETAMENTE do doutor João Pedro, lançou uma pergunta:

— Sobre o episódio que acabamos de constatar, o senhor poderia me dar outras explicações?

— Claro! Se for do meu conhecimento, será um prazer.

— Doutor, o Bonifácio não possuía arma alguma, apesar do aparelho ter produzido estampidos que lembravam uma metralhadora. Como as entidades que avançavam para agredir-nos puderam ver algo semelhante?

— Trata-se dos nossos receios, Josias.

— Como assim?

— Plasmamos aquilo que mais tememos, meu amigo. A projeção feita pela entidade ao ouvir os estampidos criou uma sinergia hipnótica com os demais, em virtude da excitação em que se encontravam, e todos, sem exceção, passaram a ver nas mãos de Bonifácio e seus voluntários, armas em vez dos bastões que portavam. Algo parecido com algumas pessoas que temem insetos inofensivos. Por vezes, transferem para a pequenina criatura seus medos inconscientes.

— Pode ser, no caso específico do espírito que deu o alarme, que em alguma de suas últimas reencarnações possa ter sido vítima fatal por uso de arma de fogo, com som semelhante, doutor?

— Naturalmente que pode. Contudo, não se trata de uma regra. Somos criaturas tão complexas que, por vezes, nossos traumas podem ligar-se a situações com características semelhantes.

— Confesso que não entendo, doutor.

— Um simples exemplo que utilizaremos para ser um tanto mais didáticos, não se constituindo na verdade absoluta dos receios desse nosso irmão, cuja cena presenciamos. Suponhamos que, em sua última existência, enquanto se encontrava no ventre materno, um som semelhante à metralha possa ter assustado sua futura mãezinha. Seu temor de algo grave acontecer com o seu bebê, pode ter afetado de tal forma seu equilíbrio, que seria possível produzir na estrutura psíquica ainda frágil do reencarnante, aliado a alguma experiência deste com armas de fogo, o resultado que constatamos. Uma cena real ou até mesmo um filme violento, assistido em momento no qual a futura mãe possa estar mais sensibilizada poderá, em alguns casos, nem sempre obviamente, causar abalos significativos no filho em gestação.

– Mas poderia ter sido motivo de seu desencarne, conforme questionei a princípio?

– Sim. Por que não? Não descartaremos esta hipótese. Todavia, não podemos inferir que tal alternativa seja conclusiva para o caso em questão.

– Interessante, doutor. Grato pelos esclarecimentos.

– Por nada, Josias. Vamos iniciar o nosso atendimento?

– Sim, agora mesmo...

Entraram na mansão de Valmir e, logo na primeira sala, o encontraram devidamente desdobrado do corpo físico pelo processo do sono, andando de um lado para outro, demonstrando profundas preocupações. Estava tão centrado em seus pensamentos em relação aos negócios e à necessidade de preparar o sucessor que nem sequer pôde registrar a presença do médico e de sua equipe.

Dirigiram-se primeiramente para o quarto de Marcelo e, quando entraram, notaram a condição de desequilíbrio psíquico e orgânico do jovem rapaz.

O panorama mostrava-se desagradável ao primeiro olhar. Marcelo e Henrique pareciam estar fundidos em um só corpo, totalmente anestesiados. Henrique absorvia fluido vital do irmão, sem que tivesse consciência do fato, ocasionando um dano semelhante ao vampirismo, ao mesmo tempo em que a medicação que atuava na organização de Marcelo embotava as manifestações do desencarnado. Ambos estavam em sono intranquilo, provocado por químicos.

Clotilde, ao redor dos jovens, mantinha-se como protetora do ambiente, sem entender realmente o que se passava. Olhava para os rapazes, como se nada houvesse mudado até então. Suas impressões revelavam-se totalmente utópicas, acreditando estar no corpo físico, zelando pelos filhos adormecidos, como se eles não houvessem saído do período infantil.

O doutor João Pedro aproximou-se e, aplicando um passe em seu coronário, despertou-a breve e suavemente do quadro em que se postava. Um tanto mais lúcida para o contato teve a impressão de estar diante de um médico que apresentava sugestões para o cuidado dos garotos.

– Clotilde, minha irmã. Noto seu coração repleto de amor a envolver os seus filhos e o extremado carinho e zelo para que ambos desfrutem de uma existência saudável.

– Sim, senhor, com todas as minhas forças.

– Muito bem, louvo sua atitude de mãe responsável, orando a Deus que abençoe a sua sagrada missão. Porém, preciso dar-lhe uma recomendação importante para que ambos possam alcançar maior equilíbrio psicofísico.

Clotilde olhou-o intrigada, como se faltasse com algo em relação aos cuidados dispensados aos filhos e interrogou:

– Estou sendo negligente com eles em algum ponto? Por favor, diga-me para que eu possa corrigir imediatamente.

– Não se trata de negligência. A recomendação que

farei será um complemento em seus cuidados para com os rapazes.
— Ainda bem, doutor. Pois não?
— Recentemente, você foi convidada por sua amiga Clara para levar Marcelo ao atendimento fraterno em uma casa espírita, não?
— Sim, sim... Todavia, tenho dúvidas a este respeito... Valmir... Não sei como fazer...
— Por favor, atenda ao convite amoroso da amiga e conduza o Marcelo, para que ele possa receber uma imediata assistência espiritual.

A pobre senhora, crendo que falava com o médico familiar e que Henrique se encontrava ainda encarnado, perguntou:
— E o Henrique, doutor?
— Ele também estará acompanhando o irmão. Não se preocupe. Em nome da felicidade de seus filhos, aceite a sugestão de sua amiga Clara. No centro, irão aconselhá-la a implantar o Evangelho no Lar. Procure atender a essa saudável sugestão no menor prazo possível, pois a prática será de grande benefício para todos.
— Farei isso, doutor. Pode ter certeza de que, pela felicidade dos meus filhos e de minha família, eu o farei.

O facultativo fez nova intervenção em Clotilde, que lentamente retornou para o seu corpo, despertando suavemente. Recordou do convite da amiga e disse para si mesma:
— Irei com o Marcelo e a Clara para a casa espírita, custe o que custar.

O Evangelho no Lar

— Pessoal, creio que está bem por hoje. Retornaremos amanhã à noite a fim de prosseguir a assistência.

— Doutor, tomaremos alguma atitude em relação a Valmir?

— Não será necessário neste instante, Josias. Falaremos com ele em momento mais oportuno.

Bonifácio aproximou-se e informou:

— Deixarei dez vigilantes que se revezarão a cada oito horas, doutor. Calculo que este número seja suficiente para garantir a segurança contra qualquer investida de entidades desequilibradas. Pelo que percebi, em relação às ameaças do comandante, eles provavelmente voltarão.

— Concordo, Bonifácio, e sou muito grato pelo auxílio que vocês estão nos prestando.

– Que nada, doutor. Trabalhar em nome do Cristo não é somente uma alegria. Acima de tudo, é uma honra. O senhor sabe...
– Sem dúvida. Ficamos combinados para amanhã à noite, então? Você virá, Bonifácio?
– Tenha certeza disso, doutor.

As atividades no Posto de Socorro seguiram intensas e, num piscar de olhos, o trio estava novamente reunido, para mais uma incursão à residência de Valmir e Clotilde.

– Vamos, pessoal, porque nossa tarefa desta noite será de maior calibre. Iniciaremos a prática do Evangelho no Lar de nossos amigos.
– Nós, doutor? – questionou Carlito.
– Sim, meu amigo. Por que a surpresa?
– Clotilde já foi ao centro e recebeu as orientações a este respeito?
– Ainda não, Carlito.
– Sempre achei que nós participaríamos da reunião implantada por nossos irmãos encarnados e não o contrário, doutor.
– Não necessariamente. É grande o número de reuniões que tem o seu início na dimensão espiritual pouco tempo antes da primeira ser realizada pelo grupo de irmãos que se dispõe a implementá-la. Meu amigo, você se esqueceu de que a nossa dimensão é o mundo causal?
– Não, senhor. Verdadeiramente, estou surpreso. Como poderemos ter certeza de que Clotilde irá aceitar a sugestão na casa espírita?

– Pelo seu amor de mãe, Carlito. O coração materno é capaz de mover montanhas pelo bem dos seus rebentos. Clotilde fará tudo o que for indicado para minimizar o sofrimento de Marcelo. Bem, agora precisamos ir, porque, a esta altura, Bonifácio já deve estar nos esperando.

Volitando, alcançaram a mansão em questões de minutos. Saudaram Bonifácio e os demais vigilantes. Em seguida, o doutor João Pedro solicitou informações sobre o andamento das coisas na residência.

– O cenário permanece praticamente inalterado, doutor. Clotilde vela pelos filhos, e Valmir mal conseguiu desdobrar-se, em virtude do excesso de alimentação e álcool ingerido durante o jantar. Está recostado na cabeceira da cama, ao lado do corpo, completamente anestesiado.

– Sinceramente, Bonifácio, não esperava ver grandes progressos. "A natureza não dá saltos", como sabemos. Vamos nos preparar para o Evangelho. Por favor, traga Clotilde até aqui, para darmos início à nossa reunião.

Após um passe transmitido em Clotilde por Bonifácio, esta apresentou certa lucidez, cumprimentando o facultativo:

– Olá, doutor. O senhor de volta?

– Sim, minha filha. Iniciaremos hoje o Evangelho em seu lar, esperando que você em breve tempo possa materializá-lo em sua dimensão.

– Certamente, doutor, obrigada.

Estavam para iniciar a prece quando o vidro de uma janela se espatifou, seguido de mais outros. Pedras estavam sendo lançadas em direção à residência de Valmir.

Os vidros quebrados dispararam o alarme produzindo um verdadeiro estardalhaço.

Clotilde retornou imediatamente para seu corpo físico e, num átimo, estava desperta. Valmir, desperto, levantou-se cambaleante. Acendeu as luzes para verificar o que estava se passando. Os funcionários da mansão saíram de seus aposentos, enquanto os guardas que faziam a segurança da rua corriam em direção à mansão, ao mesmo tempo em que chamavam a polícia.

O doutor João Pedro, experiente diante de situações semelhantes, solicitou as providências por parte de Bonifácio.

Este, mais do que depressa, ordenou:

– Pessoal, peguem os lançadores das redes magnéticas e vamos agir.

Saíram para o jardim e puderam visualizar a enorme figura do tal comandante, cercado de outras entidades que demonstravam alto grau de agressividade.

– Não disse que retornaria? Queremos de volta o espaço que nos pertence.

– Josias, Carlito, vejam, dentro da residência, quem está cedendo ectoplasma para que os efeitos que estão sendo produzidos por esses nossos infelizes irmãos não sejam neutralizados.

– Imediatamente, doutor...

Enquanto os companheiros atendiam ao pedido, o doutor João Pedro buscou o diálogo, antes de qualquer providência a ser tomada pela equipe de Bonifácio.

– Meu irmão, em nome do Cristo, por favor, pare imediatamente com estas atitudes treslouca-

das. Isso somente proporcionará maiores desequilíbrios nas pessoas que aqui residem, o que acarretará em responsabilidades adicionais para a sua vida, desnecessariamente.
– Chega de conversa, seu miserável usurpador. Viemos retomar nosso espaço.
Com um grito ordenou aos seus asseclas:
– Vamos ao ataque. Acabem com eles... Vamos surrá-los até a exaustão...
Ao avançarem, Bonifácio deu a ordem:
– Lancem as redes...
Equipamentos lançaram redes finas que se abriam no ar e, ao caírem sobre os agressores, produziam uma descarga magnética, neutralizando por completo aqueles pobres seres desequilibrados. Os que não foram aprisionados fugiram em desespero. A tranquilidade rapidamente se estabeleceu. O médico orientou Bonifácio e seu time que conduzissem as entidades anestesiadas até o Posto de Socorro.
Neste ínterim, Carlito e Josias retornaram, informando:
– Doutor, neutralizamos as emanações ectoplásmicas do mordomo e de sua esposa. Trata-se de grandes doadores e o primeiro impacto de uma pedra lançada sobre uma das janelas instalou tamanho pavor em ambos, que eles passaram a fornecer maior quantidade do fluido, permitindo a continuidade da ação, por parte dos nossos agressores.
– Sem dúvida. Obrigado por agirem rapidamente, meus amigos.

– E agora, doutor. Quais os próximos passos? – quis saber Josias.

– O comandante e aqueles que foram capturados pelo time de Bonifácio ficarão retidos até concluirmos nossas atividades junto à família de Valmir. Caso aceitem poderão receber assistência especializada para buscarem novos caminhos em suas vidas. Do contrário, serão liberados, mas não encontrarão guarida nesta casa.

– Ficarão retidos muito tempo, doutor?

– Não, Carlito. Somente pelo período em que as defesas vibratórias sejam implementadas por meio do Evangelho e pela nova postura de parte de seus moradores, o que, aliás, precisamos verificar depois desse episódio.

Clotilde e Valmir encontravam-se no quarto de Marcelo, que estava praticamente entorpecido com a forte medicação de que fazia uso.

Enquanto isso, a polícia, os seguranças e os funcionários da mansão vasculharam os arredores, mas não encontraram absolutamente nada. Por fim, acreditaram ser obra de alguns vândalos, pois, naquela hora da madrugada, as investigações não levariam a lugar algum. Era preciso amanhecer e verificar onde eles haviam se posicionado ou como acessaram aquela área da casa. Estavam todos intrigados, porque não foram encontradas pegadas ou marcas nos jardins.

Aos poucos, os funcionários foram se recolhendo, logo depois de providenciarem uma rápida limpeza no local. O casal tomou um medicamento floral para auxiliar no repouso.

A equipe do facultativo operou em conjunto com a medicação uma aplicação fluidoterápica e, em minutos, os donos da casa repousavam profundamente.

Clotilde com maior facilidade desdobrou-se e foi em busca do médico. Valmir surgiu em seguida, porém, sem consciência do que ocorria, lançou-se em uma poltrona e ficou remoendo seus problemas com os negócios.

O doutor João Pedro, reunindo os demais colaboradores, aproximou-se de Valmir e, sem molestá-lo, envolveu-o em vibrações amorosas, dizendo:

– Realizaremos a nossa reunião do Evangelho, ao lado deste nosso irmão, para que ele receba as vibrações superiores que serão advindas do Criador. Apesar de não estar lúcido em relação ao que está se passando, será também beneficiado, como todos nós.

Dirigindo sua prece ao alto, deu início no lar do casal amigo à primeira reunião de Evangelho.

O materialista

No decorrer da reunião, do alto luzes argênteas desciam sobre todos, envolvendo principalmente Valmir e Clotilde. No momento em que as vibrações foram direcionadas para Marcelo e Henrique, houve um aumento significativo das energias provindas do Plano Espiritual, que se mesclavam com os fluidos emanados do centro de força cardíaco de cada um dos presentes. Por instantes, os jovens saíram parcialmente de seu estado catatônico, desfrutando de um pouco de lucidez.

Encerrada a reunião, o doutor João Pedro solicitou que Josias e Carlito o acompanhassem até a suíte de Marcelo, para participarem da sustentação vibratória enquanto ele aplicaria a fluidoterapia nos dois rapazes.

Ao entrarem no ambiente, viram que Marcelo, desdobrado, se encontrava sentado na cama, ao lado de seu corpo físico, tendo Henrique praticamente jungido a ele, sem ter muita noção do que ocorria naqueles instantes.

O médico iniciou o diálogo:

— Como está se sentindo Marcelo?

O rapaz demorou um instante para identificar o facultativo e, tentando fazer uma associação mental com o médico da família, respondeu:

— Não sei bem dizer, doutor Gimenez. Sinto-me anestesiado, sem condições de racionar adequadamente...

— Está bem, meu filho. Este quadro irá melhorar, com fé em Deus. Aliás, Marcelo, sua mãe o levará para uma assistência em uma casa espírita. Por favor, aceite o convite, está bem?

— Não sei, doutor. Aqui em casa, nós não aceitamos coisa alguma ligada à religião. Acho difícil...

— Você ama seu irmão, não?

— Sim, como posso me esquecer dele, doutor?

— Então, aceite o convite e faça a assistência que será recomendada em favor de Henrique. Você pode fazer esse esforço por ele?

— Posso sim, doutor. Conte comigo!

— Obrigado, meu filho. Agora descanse.

O médico pediu que Josias aplicasse um passe em Marcelo, que entrou em sono profundo, retornando à sua organização fisiológica. Com a aplicação magnética, Henrique foi momentaneamente desligado do irmão, dando ensejo para receber assistência fluidoterápica particular por parte de Carlito.

Quando encerraram, o doutor João Pedro fez novo convite:

— Agora, meus amigos, vamos falar com Valmir. Carlito adiantou-se e perguntou:
— Doutor, vejo que todos de uma maneira geral identificam o senhor como o médico da família. Como pode ser?
— Lembra-se, Carlito, da experiência que tivemos observando Bonifácio, utilizando o aparelho que produziu o som da metralha?
— Sim, senhor, se me lembro...
— Em resposta à sua questão, quando nos encontramos desdobrados durante o repouso do corpo, não sofremos alterações substanciais na maneira de ser ou comportar-se. Cada um de acordo com o grau de consciência que possua, respeitando ainda a condição evolutiva, irá identificar pessoas e situações de maneira mais clara e objetiva. Esta família mantém total negligência com a questão espiritual, conforme sabemos. Ao saírem do corpo físico pelo desdobramento natural, isso quando ocorre em algumas oportunidades, nem sempre, fazem imediata vinculação mental da realidade vivenciada quando em processo de vigília. Visualizam aquilo que estão mentalmente condicionados.
— Entendo perfeitamente, doutor. Porém, e a questão vibratória, como fica? Cada um de nós é uma individualidade a emitir energias próprias, estou certo?
— Certíssimo. Possuímos nossa identidade vibratória. Mas o caso aqui é de semelhança, Carlito.
— Como assim, doutor?
— Quando oramos para determinado mentor, sabe-

mos que ele poderá atender por entidade que possa representá-lo, caso seja de sua necessidade, não?
– Sim, é certo...
– Logo, quando estamos no propósito do bem, nossa vibração se assemelha. A questão de identificação vibratória estará inclusa no quadro geral do bem. O que importa é atendermos à necessidade. Um simples exemplo: se estamos na condição de vítimas de um naufrágio, próximo da morte por afogamento, o que poderá ser mais importante, no instante extremo? A boia ou o pedaço de madeira que possa tirar-nos da situação aflitiva?
– É verdade, doutor, tanto faz...
– Então, Carlito... A que conclusão podemos chegar?
– Utilizando-me do que o senhor disse há pouco: o mais importante é termos a necessidade atendida.
– Vejamos agora o que podemos fazer por Valmir. Vocês me acompanham?
– Sem dúvida! – responderam Carlito e Josias em uníssono.

Valmir, um pouco mais consciente, retornou às suas preocupações habituais. Seus pensamentos repetiam-se sobre transações empresariais, melhores oportunidades de mercado e assim por diante...

Solicitado pelo doutor João Pedro, Josias foi quem aplicou recursos magnéticos no dono da casa, fazendo que ele saísse por instantes de seu monoideísmo.

O médico perguntou:
– Valmir, tudo bem com você?
– Doutor, que surpresa! Poderia estar melhor...
– E por que não está?

– Esta situação com o Marcelo está tirando a paz de nosso lar, doutor. Clotilde vive em lágrimas constantes e, depois da morte de Henrique, começou a se queixar de tudo e de todos. Nosso relacionamento está indo de mal a pior e, como o senhor sabe, acaba causando interferências na administração dos meus negócios. Ando sem cabeça para nada...
– Meu caro, a tristeza de Clotilde está em um nível considerado normal. O que não pode ocorrer é permitir o aprofundamento, gerando um quadro depressivo. Por enquanto, não é preocupante. Indiscutivelmente, a sensibilidade feminina é muito mais apurada que a nossa, que estagiamos em um corpo masculino, aliada à sua condição da maternidade. Não me interprete mal, Valmir, mas está faltando certa dose de paciência de sua parte para com ela. Nestes momentos mais suscetíveis, sua esposa necessita de carinho e de acompanhamento. Os negócios são importantes, todavia não podem estar em primeiro plano, em detrimento da família.
– Mas, doutor, tenho investidores e sou responsável em manter resultados expressivos. Ninguém aceita ganhar menos. O senhor sabe como funciona o mercado...
– Não estou falando em negligenciar suas responsabilidades como empresário de sucesso que você é. Falo sobre os excessos e seus riscos. Trabalhamos para viver e não vivemos somente para trabalhar. Coerência acima de tudo, para que nossa situação não degringole rumo à enfermidade. Quantas pessoas em vez de resolverem suas frustrações no lar transferem para o trabalho ou qualquer outra atividade fora dele, buscando, na verda-

de, se afastar do problema, quando deveriam procurar solucioná-lo? Ademais, necessitamos falar um pouco sobre a sua saúde, que dá sinais sérios de futura debilidade. O excesso de trabalho que você se impõe está abrindo um campo para problemas coronarianos comprometedores de seu equilíbrio. Caso ocorra algo com você, toda a sua fortuna e seus negócios servirão para quê? Vale a pena agredir-se desta maneira? Peço que medite a respeito.

– E tenho como melhorar este quadro, doutor? Que tipo de medicação posso utilizar?

– Procure um especialista na área, um cardiologista, no menor prazo de tempo possível e, em paralelo, busque trabalhar a parte espiritual.

– Parte espiritual? Agora o senhor pegou pesado, porque, como sabe, minha opinião relativa a estes assuntos, é a de que estas ideias são para pessoas sem cultura ou desocupadas, que parecem gostar de viver sendo ludibriadas por espertalhões...

– Este é unicamente seu ponto de vista, Valmir. Você não é dono da razão e tampouco pode colocar todas as pessoas e instituições no mesmo patamar. A grande maioria – sejam estas instituições orientadas por alguma religião ou não – é muito séria, com pessoas competentes e interessadas no bem do semelhante. Sua posição é de profundo preconceito e absurda intolerância. Como um homem culto e preparado, não permita que a ignorância sobre sua verdadeira essência, que é a espiritual, continue mantendo sua cegueira. O pior cego é aquele que não quer ver, não?

— O senhor está exagerando, doutor. Não é bem assim...
— Se não é, por que a resistência? Você já se lembrou alguma vez de agradecer ao Criador por tudo o que Ele lhe fornece diariamente, a começar pelo dom da vida?
— Doutor, sou um ateu convicto. Não tenho tempo para essas bobagens. O senhor me desculpe, mas este é um assunto com o qual eu não vou me ocupar. Sinto imensamente decepcioná-lo.
— A decepção não será minha, Valmir. Será integralmente sua, se não abrir os olhos para o que está acontecendo ao seu redor e principalmente consigo mesmo. Na função de médico, estou apenas fazendo uma sugestão, respeitando logicamente sua decisão, sua liberdade de escolha. Clotilde foi recentemente convidada a participar de assistência espiritual, em benefício de Marcelo.
— Clotilde? Só me faltava mais essa... Já não chega esta história de psiquiatra? Preciso impedir esta loucura...
— Meu caro, o fato de você não aceitar auxílio não significa que possua o direito de criar embaraços para quem quer que seja.
— Claro que posso e vou! Trata-se de meu filho e não vou aceitar que incluam o garoto nessas besteiras...
— Serei muito objetivo com você. Marcelo não é sua propriedade. Aliás, nada nos pertence. Tudo pertence ao Criador. Somos apenas usufrutuários dos Seus bens, a começar do próprio corpo, com o qual você não tem muito respeito, pela maneira como vem se tratando ultimamente. Alimentação em excesso, bebidas alcoóli-

cas com regularidade, charutos e estresse no trabalho. A assistência espiritual irá colocá-lo em contato com o Evangelho de Jesus, podendo educá-lo convenientemente, para que passe a se respeitar, podendo, em tempo, evitar maiores dissabores.

– Não aceito isso e ponto final, doutor!

– A dor fará você aceitar, visto que, com o seu comportamento, ela será inevitável. Meu convite é para evitá-la ou, pelo menos, amenizá-la. A decisão é sua. Equilíbrio ou dor, você escolhe.

– Não vejo como este assunto possa me convencer de algo a este respeito...

– Você despertará daqui a poucos minutos e irá se recordar de grande parte do nosso diálogo. Faremos que isto ocorra por meio da magnetização em seu cérebro. Medite a respeito, até porque a dor que irá sentir no peito durante a tarde, quando estiver em reunião, avivará ainda mais estas lembranças. E lembre-se: somos tão livres para agir que podemos até opor resistência à nossa felicidade. Pense nisso!

Acontecimentos possíveis

O MÉDICO, APLICANDO durante o passe os recursos magnéticos em Valmir, conduziu-o de retorno ao corpo físico, trabalhando também o cérebro da organização fisiológica, visando ao aumento das lembranças das recomendações repassadas.

Com a assistência da noite encerrada, elevaram-se em prece de gratidão a Deus e a Jesus, pela oportunidade do trabalho.

Ao saírem, Bonifácio os aguardava com as informações relativas às providências tomadas no Posto de Socorro.

– Bonifácio, tudo bem? Como estão as coisas?

– Tudo bem. Acabei de chegar. Instalamos os infelizes

irmãos na enfermaria especializada, onde foram ministrados recursos fluidoterápicos e estão todos em repouso absoluto. O senhor sabe que não será tão simples convencê-los para uma mudança de rumo, não?

– Sei! Entretanto, faremos o que estiver ao nosso alcance. Com Jesus, tudo é possível...

– Sim, doutor, porém, o tal comandante, que não sabemos o nome ainda, resistiu bravamente, espumando de ódio e jurando vingança. Independentemente dele e de seus seguidores, redobrarei a segurança na casa de Valmir e Clotilde.

– Grato, Bonifácio. Nós nos veremos em breve. Bom trabalho a todos!

– Obrigado, doutor! Para vocês também...

Durante o retorno ao Posto, Carlito aproximou-se do médico e solicitou explicações sobre os últimos acontecimentos.

– Doutor, acompanhei atentamente suas orientações repassadas ao Valmir. Estou curioso sobre as informações relativas à saúde dele.

– De acordo com o que recebi de nossos mentores, constavam os pontos principais dos futuros acontecimentos na vida do nosso amigo.

– Acontecimentos futuros?

– Carlito, apesar da facilidade que entidades superiores possuem em relação à faculdade de premonição, o bom senso nos mostra o inevitável. Vida desregrada leva-nos facilmente ao comprometimento de nossa saúde. Independentemente das informações, observei os corpúsculos perniciosos que invadem as artérias coronárias de Valmir, podendo em breve tempo causar-lhe um enfarto. O desequilíbrio mental em que vive, aliado ao seu pouco ou nenhum cuidado com aquilo que ingere, vem se transformando em uma verdadeira bomba-relógio, podendo complicar seriamente sua continuidade no corpo físico.

— Mas ele é tão jovem, doutor...

— O fato do organismo ser jovem não suprime os cuidados com a sua manutenção. O que será de uma máquina que não receba os cuidados necessários? O nosso corpo não é indestrutível, apesar de muitos assumirem falsamente esta posição. Liga-se diretamente na condição mental do espírito. A criatura, sentindo-se imortal, inconscientemente acredita poder transferir este aspecto real para o corpo físico. É por manter-se nessa linha de pensamento, mesmo irracional, que muitos de nós nos colocamos em riscos extremos, desnecessariamente.

Josias, que ouvia atentamente as explicações do doutor João Pedro, perguntou:

— Interessante esta análise, doutor. No entanto, o senhor acha possível que Valmir, com as suas convicções materialistas tão extremadas, faça algum esforço para uma mudança comportamental?

— Meu amigo, apesar de possuirmos todo o tempo em nosso favor, a maturidade do espírito nos impulsiona em determinado instante para a nossa realidade. A genética divina em nós é infalível, não?

— Sim, senhor, isso é...

— Não venceremos a batalha contra nós mesmos, por mais que resistamos. O bem que vive em nós potencialmente irá sobressair, custe o que custar. Diria que Valmir já alcançou maturidade nesse quesito. Seu interior grita por mudança, que poderá ocorrer sem o bisturi da dor. Mas isso é questão de escolha individual. O mentor de Valmir que o acompanha a distância apelou para os nossos maiores, solicitando a intervenção necessária em favor de seu tutelado, que poderá, no futuro, ser extremamente útil à causa do bem de acordo com o Evangelho de Jesus, se assim o desejar, naturalmente.

– Oremos para que consiga, não, doutor?
– Certamente, meus amigos!

Chegaram rápido ao Posto de Socorro, e o facultativo foi direto para a enfermaria visitar os recém-internos.

O plantão estava a cargo de Jofre que, saudando a todos, procurou colocá-los a par da situação.

– Doutor, acabei de receber as fichas de identidade de nossos irmãos. Gostaria de vê-las agora?
– Irei analisá-las com calma. Você teve a oportunidade de checar alguma delas?
– A do nosso interno conhecido como "comandante".
– E o que diz?
– Bom, seu nome é Juan Z. Foi líder de uma facção criminosa e terrorista, com grandes negócios no mercado das drogas, em um país na América Latina. Conhecido por sua crueldade, possuía a alcunha de "Morcego", porque agia somente à noite. Desencarnado há mais de um século, vagou por nossas fronteiras brasileiras, até encontrar um grupo que o acolheu e, transferindo-se de local o tempo todo, chegou até a cidade a qual nos encontramos. Seu comportamento é ditado pelo receio

que mantém em ser descoberto. Como criminoso, vivia mudando de um lugar para outro, fugindo das autoridades.

E continuou:

– Desencarnado, não alterou em nada sua rotina. Pela sua capacidade de liderança e inteligência, muitas entidades estão interessadas que coordene equipes nas sombras. Mas, como sempre agiu por conta própria, recusa sistematicamente os convites que lhe são feitos. Trata-se de uma boa oportunidade para a ação de seu mentor, porque Juan já apresenta certo fastio desta vida de fuga constante. Precisa de paz, entretanto a chama do ódio e da vingança que mantém em seu íntimo é o contraponto para alcançá-la.

– Quer vingar-se exatamente de que, Jofre?

– Daqueles que impingiram a sua morte e a de seus companheiros. Foram emboscados por forças policiais do país em que praticavam seus atos delinquentes e desencarnaram, sendo varados a tiros.

– Agora entendo o porquê do medo do som da metralha, quando tentaram agredir-nos – observou Carlito.

– Sim, Carlito. Faz todo sentido realmente.

– Som de metralhadora, doutor? – questionou Jofre.

Após o médico relatar sucintamente o ocorrido na casa de Valmir, solicitou aos amigos que todos se aproximassem do leito de Juan, para uma análise mais aprofundada de seu campo mental.

Aplicando um passe no coronário do líder terrorista, pôde checar os aspectos mais notórios de sua última existência.

Cenas de extremada crueldade marcavam sua curta trajetória no corpo físico, apesar do desgaste emocional dar-lhe a aparência de um homem muito mais velho.

Terminada a análise, o facultativo informou:

– Será uma jornada difícil que Juan terá à sua frente. Na sua ânsia em defender os seus próprios interesses, com as desculpas esfarrapadas que utilizava, dizendo lutar pelas minorias, passou a ser pior do que os líderes que comandavam com mão de ferro a população, na cidade onde reencarnou. Muita gente pagou com a vida sem ter absolutamente nenhuma ligação com os mandantes de seu povo. A simples suspeita era suficiente para eliminar famílias inteiras.

– Que podemos fazer por ele, doutor? – perguntou Josias.

– Este caso é típico de internação compulsória em novo corpo, em caráter de urgência.

– Mas Juan não continuará a ser cruel com o semelhante, como já foi na reencarnação anterior?

– Apesar de não haver mudanças drásticas em sua maneira de pensar e ser, o corpo que provavelmente lhe servirá de refúgio sofrerá severas limitações, para que possa protegê-lo de si mesmo, impedindo-o de continuar nessa sanha tresloucada.

– E os demais, doutor?

– Creio que estarão reencarnados provavelmente em situação similar e vivenciarão essa experiência, próximos uns dos outros, para que possam se auxiliar mutuamente.

– Muito bem, meus amigos. Vou analisar a ficha de

cada um deles e entrar em contato com os nossos mentores para as providências que se fizerem adequadas a esses nossos irmãos.

Todos agradeceram ao médico e, quando este se retirou, Jofre fez um breve comentário:

– É interessante notar como o doutor João Pedro é humilde. Tenho a impressão de que ele detém o conhecimento integral de muitos casos aqui atendidos, mas sempre se refere ao auxílio das entidades mais elevadas...

– Com os quais parece ter profunda ligação, não? – concluiu Josias.

No centro espírita

— Jofre e Carlito, o doutor João Pedro solicitou que eu fizesse um convite para vocês...

— Diga, Josias...

— Clotilde e Marcelo acompanharão Clara ao centro espírita hoje à tarde para o primeiro atendimento fraterno. O doutor vai atuar ao lado do atendente. Podemos acompanhá-lo e, com certeza, ampliarmos nosso aprendizado nos procedimentos mediúnicos.

Antes do horário convencionado pelo facultativo, os três estavam a postos. Dirigiram-se à casa espírita chegando com meia hora de antecedência do início das atividades de assistência.

O dirigente espiritual responsável pelo local veio pessoalmente recebê-los:

– Doutor João Pedro, amigos, sejam bem-vindos. Estou honrado com a visita.
– A honra é nossa, Fabiano. Como você e o seu pessoal têm passado?
– Muito bem! Obrigado por perguntar doutor. Temos muito trabalho nos programas assistenciais. As atividades da Casa, apesar de serem bastante modestas, não param. Os nossos irmãos encarnados vivem em muita harmonia, facilitando as atividades das equipes nas duas dimensões, tanto física quanto espiritual. Recentemente, o Centro iniciou mais um trabalho social, agora voltado para a orfandade. Fundaram um pequeno orfanato, que solidificou a ligação com as esferas superiores, criando um fluxo de entidades muito elevadas, que nos visitam regularmente e encaminham recursos que atendem plenamente às nossas necessidades.
– Fico feliz pelas conquistas, Fabiano.
– Soube que, no Posto de Socorro, vocês também não param...
– Trabalho não falta, graças a Deus, porque desta maneira não temos tempo para dar asas aos pensamentos menos edificantes.
– Ótimo, doutor! A propósito, recebi seu relatório sobre os pacientes Marcelo e Henrique. Dirigimos o atendimento para o fundador da instituição.
– O Venâncio? Como está ele?
– Excelente de saúde e com a mediunidade cada vez mais apurada. Seus cuidados na alimentação, reforma íntima e exercício mediúnico são notáveis.

– Quem diria hein, Fabiano?
Carlito, Jofre e Josias mostraram-se curiosos com a expressão do médico. Este veio logo em socorro aos amigos.

– Venâncio é a prova viva de recuperação pelo Evangelho de Jesus. Foi um menino que vivia nas ruas, totalmente marginalizado. As internações em casas de reeducação tornaram-se rotina em sua vida. No entanto, era um mestre em fugas, até o momento em que atingiu a maioridade e terminou por ser detido. Após o julgamento, foi responsabilizado por uma série de crimes contra a propriedade alheia e cumpriu dez anos em reclusão. Durante esse período, começou a frequentar as palestras realizadas por um grupo espírita, aos sábados, na penitenciária onde cumpria sua pena. Interessou-se pela doutrina e passou a estudá-la com afinco, ao mesmo tempo em que despertava a sua veia caritativa. Tornou-se o grande amigo de todos dentro da penitenciária, atendendo de acordo com as suas possibilidades os reeducandos em situações mais precárias. Agia como intermediário do bem, pois reencaminhou muitos jovens que, ao saírem da prisão, buscaram refazer suas vidas. Quando Venâncio pôde retomar a sua liberdade, fundou esta Casa que estamos visitando e, desde então, desenvolve um trabalho de assistência primoroso, principalmente com os reeducandos da penitenciária estadual, que visita em companhia de outros voluntários, todos os domingos.

E prosseguiu seu relato:

– Já auxiliou muita gente. São incontáveis os amigos

que amealhou nos dois planos de existência. Alcançou o mérito do esforço da transformação para o bem e, como sentiu na pele os problemas relativos ao abandono e à marginalização, possui facilidade em assistir esses nossos irmãos que se infelicitam no caminho do crime e dos mais diversos desequilíbrios.

– Guardadas as devidas proporções, doutor, é o Paulo de Tarso contemporâneo – acrescentou Josias, sorrindo.

– Sim e existem inúmeros que lhe seguem os exemplos regeneradores, não importando a vestimenta física que envergam, se masculina ou feminina. No fundo, somos todos nós os "Paulos" atuais, procurando nossa estrada de Damasco, para, um dia, encontrarmos Jesus, não questionando o porquê de nossa perseguição, mas abrindo os seus braços e nos recebendo com o seu infinito Amor, transformando-nos de perseguidores para Seus eternos seguidores. Bem, pessoal, não vamos ficar tomando muito o tempo do nosso anfitrião.

– De maneira alguma, doutor, é sempre um prazer relembrarmos histórias de espíritos vencedores como é o caso de Venâncio – completou Fabiano.

Um dos voluntários do centro adiantou-se e, solicitando permissão, informou que Clotilde já havia chegado em companhia de Clara.

Em breves instantes, a mãe dos gêmeos adentrava o pequeno salão onde eram ministradas palestras evangélicas e os passes, enquanto as pessoas aguardavam para a orientação fraterna.

Marcelo, amparado por sua mãe, demonstrava certa alienação, não relacionada apenas pela quantidade de medicamentos utilizados, mas também à deficiência orgânica acentuada, favorecida pelo vampirismo inconsciente de Henrique, que sugava seus fluidos vitais.

O rapaz foi o primeiro a ser encaminhado ao passe, o que permitiu um breve desligamento de Henrique, que se mantinha totalmente absorto diante do que ocorria. Terminada a sessão fluidoterápica, Clotilde foi direcionada para a orientação, que ficou a cargo de Venâncio.

Neste instante, Fabiano e o doutor João Pedro aproximaram-se. O dirigente espiritual atuou no centro coronário de Venâncio, cujas energias transmitidas iluminaram a epífise do médium, que passou a identificar os amigos desencarnados. Entre eles, pôde perceber a presença de Henrique, que era assistido covenientemente por bondosas enfermeiras espirituais.

Assim que iniciou o diálogo, Clotilde teve suas faces inundadas de lágrimas. Chorou copiosamente. Relatou tudo o que vivia desde o falecimento do filho querido: sua situação no lar, os problemas de saúde de Marcelo, enfim, um desabafo necessário, estimulado pelas ações magnéticas do doutor João Pedro.

Sentindo-se mais aliviada, pôde receber certo conforto e as orientações de Venâncio, que mediava as palavras de Fabiano e do facultativo.

O direcionamento consistia na implantação do Evangelho no Lar, a assistência fluidoterápica para Clotilde e a participação de Marcelo no trabalho de esclarecimento dos irmãos recém-desencarnados.

Venâncio informou que Henrique estava presente e sendo atendido em suas necessidades. O dirigente, com muito tato, visando não chocar a mãezinha, suavizou a notícia, dizendo que o rapaz se encontrava bem e tranquilo em sua nova morada.

Encerrado o atendimento, Marcelo foi encaminhado para a sala de desobsessão, para que os médiuns iniciassem o serviço de esclarecimento ao seu irmão.

Trabalho de evangelização

Ministrada a fluidoterapia em Marcelo, este se retirou da sala de trabalho mediúnico, sendo liberado para o retorno ao lar. Clotilde, muito atenta, acompanhava o filho querido em todos os seus passos, zelando pelo seu bem-estar, em virtude da fragilidade que o jovem apresentava.

Enquanto isso, Fabiano, o doutor João Pedro e equipe iniciavam a sustentação do atendimento que seria prestado ao jovem desencarnado.

Um dos médiuns presentes à reunião deu passividade para a comunicação psicofônica de Henrique. O rapaz começou a falar, demonstrando o quanto se encontrava disperso dentro de sua nova situação:

— Onde estou? Quem são vocês? E o Marcelo? Preciso voltar para casa... Necessito do meu irmão e de minha mãe... Socorro... Estou preso neste lugar... Libertem-me...

O experimentado evangelizador, envolvido por Fabiano, amorosamente o aconselhou:

— Tenha calma, meu irmão. Você não está preso. Encontra-se entre amigos, irmãos em Jesus, que estão aqui para lhe servir. Logo você estará com os seus familiares. Contudo, é necessário que os primeiros cuidados em sua terapia sejam iniciados.

— Terapia? Não estou doente... Somente sinto dor em minha cabeça... Mas estou melhor agora... Quem é o médico que irá me tratar?

— O médico é Jesus, meu irmão, e a terapia é o Evangelho. Com o tratamento de amor fraterno que ele nos dispensa, todas as dores são minimizadas e nossas dúvidas são gradativamente esclarecidas.

— Não tenho interesse em assunto de religião. Quero voltar para casa...

— Não se trata de religião, mas, sim, de espiritualização. A ligação com o nosso verdadeiro "eu", filhos de Deus que somos, frutos de sua Infinita Bondade, de onde partimos, um dia, e para Ele retornaremos engrandecidos no exercício do amor. Nosso convite é: procure abrir o seu coração para Jesus, mestre superior e amigo. Repouse suas dores e aflições em seu regaço divino. Você deseja paz para você e todos os seus, não?

— Sim... Sim... Amo muito meus pais e meu irmão...

— Então, que tal fazermos uma prece?

– Não sei rezar, senhor... Nunca me ensinaram...
– Não tem problema algum, eu vou dizendo as palavras e você me acompanha, está bem?
– Sim...
– Então, vamos fazer a prece que o próprio Jesus nos ensinou.

Enquanto o *Pai-Nosso* era proferido pelo evangelizador, com profundas notas de fraternidade, acompanhado mentalmente por todos os presentes nos dois planos de existência, Henrique aos poucos adormecia.

Fabiano solicitou que enfermeiras especializadas aprontassem o transporte dele para o retorno ao lar, para que ficasse ao lado de Marcelo. Entretanto, a partir daquele instante, os rapazes receberiam assistência integral dos amigos espirituais.

Depois de outros atendimentos e do encerramento dos trabalhos, Jofre aproximou-se do facultativo e questionou:

– Doutor, o Henrique retornou para o convívio do irmão?

– Sim, momentaneamente. Não podemos desligá-lo de um instante para outro, porque ocasionaria verdadeiro dano psíquico em ambos. Estão dependentes um do outro, como a planta que vive parasitada. A retirada brusca do parasita mata a hospedeira. Faremos isso aos poucos. Naturalmente, a incidência de Henrique sobre o irmão será minimizada a partir desta assistência, que iniciou o seu processo de desligamento. Mas é como o medicamento psicotrópico de uso prolongado, no qual temos, dependendo do caso, que proceder ao chamado "desmame". Alguns químicos não podem ser suprimidos de um instante para outro.

— No mínimo é curioso, doutor. Achei que a tarefa pudesse ser concluída nesta sessão.

— Meu querido amigo, o trabalho de reformulação interior de mudanças necessárias não se faz a toque de caixa. Foi exatamente por isso que Jesus implantou o Evangelho, semeando o amor e não "impôs" a Boa Nova para ninguém. O amor é paciente e aguarda o momento da semente começar a germinar. Por essa razão, nos encontramos distanciados da passagem de Jesus pelo planeta, há mais de dois mil anos, e o iluminado Senhor nos aguarda o crescimento e a frutificação, porque Ele nos conhece profundamente e sabe que nossa essência é exatamente similar à Dele. Foi por isso que Ele nos chamou de "deuses".

— Excelente, doutor. Obrigado!

— Não é necessário agradecer, Jofre. Somos todos aprendizes do Evangelho. Vamos nos despedir dos amigos para retornarmos ao Posto?

— Sim, senhor, vamos...

Recomeçar com Jesus

O TRABALHO NO Posto de Socorro prosseguia intenso. Mal haviam acabado de chegar e um dos enfermeiros solicitou a presença do doutor João Pedro para um atendimento emergencial.

Tratava-se de Juan. A equipe da enfermaria encontrava dificuldades em contê-lo e os fluidos anestésicos aplicados não poderiam ser mais intensificados, sob prejuízo do equilíbrio do paciente.

O médico dirigiu-se à enfermaria na companhia de Carlito e Josias. Jofre faria as visitas de rotina aos demais pacientes.

Ao entrar no ambiente isolado, Juan, aos brados, lançava impropérios para todos, ao mesmo tempo em que estimulava a gritaria dos demais membros de sua gangue. Todos estavam atados às suas camas, com faixas apropriadas que cerceavam qualquer movimento agressivo, por parte dos infelizes internos.

O facultativo com tom de voz firme disciplinou:

– Basta! Estamos em um Posto de Socorro e não em uma reunião de insanos.

A turba silenciou imediatamente. Porém, Juan, apesar da surpresa, se recompôs e tornou ao ataque, zombando:

– Isto aqui é um circo e não um Posto de Socorro, e o palhaço vestido de branco acaba de chegar.

Sua gargalhada estridente não foi acompanhada pelos demais, que se mantiveram totalmente calados. O médico conservou sua serenidade e, aproximando-se para falar reservadamente com Juan, relatou:

– Juan, meu irmão. Vejo em você o menino peralta caminhando a esmo pelas ruas de sua cidade natal, buscando o conforto de um teto e da mãezinha querida, que nada pôde fazer por você, quando seu padrasto o expulsou de casa. Entendo sua revolta, mas você precisa considerar que suas atitudes dentro do lar eram violentas. Quantas vezes tentou agredir sua mãe e o seu padrasto fisicamente? Ele não tirou de suas mãos, em mais de uma oportunidade, facas ou outros objetos que você buscava utilizar para agredi-los? Não é hora de apaziguar, pelo menos um pouco, o seu coração? A violência faz morada em seu íntimo há muitas existências, por suas escolhas equivocadas.

– Somente procurei defender-me como homem que

sou e, quando tive chance, usei da força para auxiliar as minorias que são sempre espoliadas – retrucou Juan.

– Perdoe-me, mas nós dois sabemos que a história não é bem essa...

– Chama-me de mentiroso, porque estou atado a esta cama como um animal. Se estivesse livre, faria você engolir suas palavras, seu verme.

– Meu irmão, sua postura não me intimida, pois materializa a sua necessidade em atacar para defender-se quando, na realidade, você se encontra em um círculo vicioso de alta agressividade e tenta, desta forma, encobrir a verdade que está estampada à sua frente. Sua necessidade de paz é urgente. E, se quiser, este ciclo infeliz pode começar a ser alterado a partir deste instante. Você nunca defendeu os interesses de ninguém, senão os seus próprios, usando das mesmas minorias que dizia defender.

O médico falava com tanta autoridade moral, que Juan se mostrava tal qual um pássaro cativo, cuja gaiola era construída pelas barras da verdade.

– Venho convidar-lhe para uma nova vida, novos caminhos, reestruturação de tudo o que você foi e fez. Sua capacidade de liderança, energia e disposição poderão construir as pontes para a sua própria felicidade e a de seus semelhantes.

– Como? Não tenho condições de retroceder... Aliás, não quero... Estou bem e sou feliz da minha maneira.

– Juan, você sabe que estas suas palavras buscam somente encobrir a realidade dos fatos. Uma das melhores heranças que sua mãe deixou para você continua trabalhando em seu íntimo. É exatamente por isso que os questionamentos surgem continuamente em seus pensamentos.

– Que herança ela me deixou? Não tive nada, conquistei tudo sozinho...

– Engana-se, meu caro. Ela lhe deixou Jesus e o Evangelho. Ela regularmente lia para você, naquela Bíblia velha e surrada, em seu último ataque de fúria, foi justamente aquele livro, próximo de suas mãos, que você atirou no rosto dela.

– Chega! Por misericórdia, não preciso destas recordações que me torturam todos os dias em meus sonhos.

– É pelos desatinos que todos nós cometemos, que Jesus abre as oportunidades de refazimento. Tenho uma proposta para lhe fazer, Juan.

– Qual?

– Você pode ser encaminhado para outra instituição de esclarecimento e assistência com os seus companheiros e redefinir seus objetivos, em novas experiências que lhe trarão muita luta. Porém, o saldo final será a paz e o equilíbrio. Em síntese: "recomeçar com Jesus".

– Caso eu não aceite?

– Não tenho autoridade sobre você. Contudo, intercessões feitas por sua mãe, junto aos nossos superiores, determinarão medidas de coerção reencarnatória, para evitar maiores desacertos de sua parte, que comprometerão gravemente suas próximas existências.

Neste instante, vibrações ainda mais intensas saíram do centro cardíaco do médico, envolvendo Juan, como se, de fato, estivesse ali uma criança desorientada. O "comandante" dava mostras de que, aos poucos, cedia ao bom senso. Sendo tocado em suas fibras mais íntimas, falou:

— Deixe-me pensar... Preciso de tempo... Perdoe-me pela maneira como o tratei... Ainda consigo ter alguma lucidez para agradecer aqueles que me auxiliam sincera e desinteressadamente.

— Fique em paz, meu irmão. Voltaremos a nos falar em breve. Medite e descanse e, em sinal de confiança a você, solicitarei que retirem as suas faixas de contenção.

— Obrigado, doutor?

— João Pedro, seu irmão em Jesus, para servi-lo.

EQM providencial

CARLITO ENTROU ESBAFORIDO na sala de Josias, dizendo:
– O doutor João Pedro pediu que o chamasse com urgência.
– O que aconteceu, Carlito?
– Valmir teve um enfarto do miocárdio e está correndo risco de morte. O doutor João Pedro já está no hospital.
– Vamos imediatamente.
Chegaram à sala onde Valmir já estava sendo preparado para cirurgia de ponte de safena. Aproximaram-se do médico, e Josias perguntou:
– Doutor, é muito grave?
– É sério o quadro do nosso irmão. Os meus colegas encarnados terão difícil tarefa pela frente. O estresse que ele vem se impondo no trabalho, ali-

mentação desregrada, além dos problemas no lar, que ele insiste em agigantar, produziram os efeitos que estamos observando, muito mais rapidamente do que esperávamos. Atuaremos em conjunto com a equipe de cirurgiões, transferindo-lhe maior quantidade de fluido vital, para que Valmir possa vencer esta etapa.

– Bem que o senhor avisou, não, é?

– Josias, quantas vezes não somos avisados pelos nossos amigos do mais alto e negligenciamos solenemente seus conselhos? O que fizemos com os ensinos de Jesus até hoje? Prestamos a devida atenção para colocá-los em prática em nossas vidas?

– O senhor tem razão. Vivemos batendo cabeças por total inobservância das Leis de Deus.

– O que é lamentável, dado o nível de conhecimento que detemos hoje. Bem, já estão levando nosso irmão para a sala de cirurgia.

Clotilde chegou em seguida, acompanhada por Bonifácio.

– Meu amigo, que bom revê-lo!

– Doutor, a satisfação é minha.

– Noto que Clotilde, apesar da notícia, mostra-se mais calma.

– Coincidências não existem, não é mesmo? Estávamos, porque particularmente acompanhei, encerrando o Evangelho no Lar, quando o celular de nossa irmã tocou. Ela tranquilamente fez a prece final e, em seguida, retornou à ligação. Era a secretária de Valmir informando-a sobre o ocorrido.

– Realmente, Bonifácio, se ela não estivesse sendo assistida inclusive energeticamente por você e equipe, o choque seria maior. Clotilde apresenta certa debilidade orgânica, natural em sua situação, em virtude da carga que vem suportando, sem direcionamento algum nos aspectos espirituais, praticamente até hoje.

– Imagino, doutor, se ela não tivesse aceitado o convite de Clara. Essa moça foi uma dádiva na vida dela.

– Um chamamento abençoado feito pelos seus mentores por intermédio da amiga. O Senhor é extremamente sutil em seus convites, mas todos eles, sem exceção, são efetivos – completou o facultativo.

A cirurgia estava começando, e o médico espiritual, na companhia de Josias e Bonifácio, transmitia energias salutares para Valmir. Com alguns minutos de antecedência, o doutor João Pedro informou:

– O nosso amigo sofrerá uma parada cardíaca momentânea. Preparemo-nos para aumentar nossa influência fluídica. Valmir terá uma EQM – Experiência de Quase-Morte.

– Nossa, doutor! Isso poderá causar-lhe danos cerebrais por falta de oxigenação?

– Não. Mas afetará diretamente seus valores em relação à vida. Entremos em prece.

No prazo estipulado, deu-se a ocorrência. Enquanto os médicos e os enfermeiros trabalhavam no processo de ressuscitação, no plano espiritual, Valmir desprendia-se parcialmente do corpo físico, extremamente chocado com o que presenciava.

Seu corpo na mesa de cirurgia, a movimentação em torno realizada pelos profissionais da saúde e a presença dos amigos espirituais. Sentiu-se momentaneamente sugado para dentro de um túnel que, em uma fração de segundos, o conduzia diante de uma cena dolorosa.

Via seu pai, em lágrimas, pedindo que o filho lhe perdoasse a falta cometida em relação às questões espirituais. O estímulo reforçado que dera quanto à descrença em Deus e tudo o que se relacionasse com o Altíssimo consumiam-lhe agora as entranhas. O remorso macerava o seu pobre coração. Não somente pedia perdão ao filho querido, mas, principalmente, solicitava que abandonasse a descrença de outrora.

A reencarnação atual oferecia-lhe a sagrada oportunidade do recomeço em todos os sentidos, inclusive no retorno ao contato com o Criador da vida. Implorava que ele não abandonasse os valores relativos ao espírito e que buscasse Jesus no menor prazo possível.

E, com um tom austero, ordenou:

– Volte para o corpo, Valmir, e passe a viver a verdadeira vida. Valorize as conquistas pessoais como lições engrandecedoras para o espírito. Busque os verdadeiros tesouros com Jesus.

Valmir, sentindo forte descarga energética em seu centro de força cardíaco, retornou velozmente ao seu corpo, enquanto os médicos encarnados suspiravam aliviados.

– Vocês puderam acompanhar o encontro de Valmir com seu pai desencarnado? – perguntou o doutor João Pedro.

— Sim, senhor. Foi como se assistíssemos às cenas ao vivo, parecíamos estar dentro delas, apesar da distância ocasionada pela mudança de dimensão — informou Josias.

— Foi exatamente o que o senhor disse, doutor: "Jesus é sutil, porém, objetivo!".

— Muito acertado, Bonifácio. Continuemos com nossa influenciação energética. Oremos para que Valmir, a partir de hoje, se torne um novo homem...

Avanços consideráveis

APESAR DA DELICADA operação e do susto causado por Valmir nos cirurgiões, sua recuperação iniciou-se conforme o esperado. Depois da internação hospitalar, os médicos que o atenderam informaram que sua convalescença total seria de, aproximadamente, noventa dias.

Na data aprazada para a transferência de Valmir para sua casa, Josias e Jofre o acompanharam a pedido do doutor João Pedro, que se encontraria com eles um pouco depois.

Como se coincidências pudessem existir, o dia de retorno era o mesmo da reunião habitual do Evangelho no Lar, iniciada por Clotilde.

A prece era realizada na parte da tarde, na biblioteca

da mansão, onde sozinha, a esposa de Valmir estudava às escondidas do marido o Evangelho, orando e vibrando pelo bem de sua família, conhecidos e funcionários.

Marcelo mantinha-se abatido e, geralmente, suas horas de sono se estendiam além do normal para a sua idade. O efeito dos medicamentos em seu corpo enfraquecido, aliado ao vampirismo inconsciente de Henrique, eram os responsáveis em mantê-lo em tal situação.

A assistência espiritual estava em seus primeiros dias, sendo necessárias outras participações do jovem nas reuniões da casa espírita, para, gradativamente, seu irmão ser esclarecido e feito o desligamento, com o posterior encaminhamento do desencarnado.

Próximo do horário da reunião no lar do casal amigo, o doutor João Pedro chegou, saudando a todos. Estavam presentes na biblioteca Bonifácio com os seus voluntários, Jofre, Josias e alguns irmãos espirituais da família.

Enquanto Clotilde preparava a mesa para dar início à reunião, colocando um jarro de água para ser magnetizada, o Evangelho e também um arranjo de lindas flores, que ela fazia questão de escolher nos jardins de sua casa, o doutor João Pedro transmitia passes em Marcelo e Henrique, solicitando que Josias fizesse o mesmo em Valmir. Eles deveriam receber fluidos calmantes, para entrarem em sono reparador e, uma vez desdobrados, participarem da reunião.

Em minutos, todos se encontravam ao redor de Clotilde, que principiava com a prece de abertura. Marcelo e Valmir mostravam-se um tanto mais atentos, mas

Henrique mantinha-se ainda extremamente alienado em relação à sua situação e com o que acontecia à sua volta.

O estudo transcorreu tranquilamente, beneficiando todos os presentes e aqueles mencionados nas vibrações, dirigidas por Clotilde. Ao término, enquanto a esposa de Valmir se retirava da sala, o doutor João Pedro conduziu o chefe da casa até o seu quarto.

Desdobrado e entendendo que estava sendo atendido pelo doutor Gimenez, disse:

– Interessante o tratamento que me foi dispensado pelos médicos e enfermeiros que o acompanhavam, doutor. Não entendi bem o porquê ele foi realizado na biblioteca.

– No tempo adequado, você será informado dos detalhes Valmir. Como se sente?

– Melhor. Um tanto assustado, não com a cirurgia em si, mas com aquilo que se passou durante o procedimento na sala e fora dela.

Como se estivesse relatando para o facultativo amigo da família o ocorrido, recebia do doutor João Pedro sua total atenção.

Quando Valmir encerrou, o médico destacou:

– Parece-me, à primeira vista, que a experiência abriu novas perspectivas em relação à maneira como a existência física deva ser encarada por você, estou certo?

– Certíssimo! Nunca um quadro foi tão real para mim. Meu pai já falecido falou comigo, dando-me várias recomendações. Logo em seguida, retornei violentamente ao meu corpo. Os episódios que estou descrevendo fizeram com que eu meditasse a respeito dos meus valores e de minha relação com as pessoas que me cercam. Durante o período em que estive no hospital, revisei meus conceitos quanto à minha posição totalmente avessa aos aspectos espirituais. Diria para o senhor que hoje sou uma nova pessoa. Sinto-me renovado, ou melhor, dizendo, renascido.

— Fico feliz por você, Valmir. Gostaria, no entanto, de fazer-lhe uma sugestão.

— Pois não, doutor.

— Procure conhecer Jesus, meu amigo! O Evangelho do Senhor, além de lhe trazer paz, será benéfico para o seu autoconhecimento e aprimoramento. Você é uma boa pessoa e pode, em um futuro breve, trabalhar na seara do bem.

— Doutor, pelo meu total descrédito nos assuntos ligados à religião, não possuo sequer a Bíblia, em minha casa.

— Farei com que chegue as suas mãos um exemplar de um livro verdadeiramente esclarecedor em relação aos ensinos do Cristo, que são, na verdade, um roteiro de autoiluminação.

— Agora, Valmir, recomendaria que fizéssemos uma prece para que você repouse tranquilamente.

— Doutor, nunca orei em minha vida.

— Não há problema, porque a verdadeira prece ao Criador é aquela que brota do coração. Basta que sejamos sinceros conosco mesmos e agradeçamos ao Nosso Pai.

Valmir timidamente levantou a cabeça em direção

ao alto, juntou suas mãos sobre o peito numa demonstração de profunda humildade diante do Senhor da vida, confessando:

– Senhor, não sei rezar, mas sou imensamente grato pela vida que me é concedida pela sua Bondade.

– Que assim seja! – encerrou o doutor João Pedro.

– Fique em paz, Valmir, e que Jesus nos abençoe!

– Obrigado pelos seus cuidados, doutor.

Contato com a realidade

À MEDIDA QUE Valmir se recuperava, os especialistas que o assistiram em sua cirurgia e pós-operatório, em sintonia com o doutor Gimenez, liberaram o paciente para receber algumas visitas.

Isto seria de grande proveito para ele. O contato com amigos, parentes e poucos funcionários trariam alento, proporcionando momentos de prazer, tão necessários à saúde.

As recomendações, principalmente para os empregados, eram que fossem breves em suas explanações, trazendo com obviedade, apenas resultados positivos das operações.

Naturalmente, os facultativos que o atendiam,

alheios aos aspectos espirituais, nem sequer desconfiavam que as recomendações efetivadas traziam extremo bem-estar ao enfermo, pelas energias emanadas que a amizade proporciona. Sendo o fluido vital possível de ser transferido por aqueles que se encontram em bom estado de saúde, na ocorrência do contato, a absorção pelo paciente acelerava em seu metabolismo o processo de reabilitação. Exatamente por isso, as visitas positivas e agradáveis proporcionam bem-estar para aqueles que as recebem. Não somente em ocasiões de enfermidade, mas, sim, em todos os instantes que o relacionamento de respeito e de carinho ocorra.

Um dos assistentes diretos de Valmir, quando de sua visita, presenteou-o com livros. Sendo o jovem executivo adepto da doutrina espírita, discretamente incluiu um volume de *O evangelho segundo o espiritismo*.

Em seus minutos de saudável conversação com o presidente da empresa, falou um pouco sobre a obra:

— Senhor Valmir, como sei que a leitura traz-lhe satisfação, trouxe alguns títulos, inclusive o mais recentemente lançado pelo seu autor preferido. Tomei a liberdade de acrescentar um exemplar do Evangelho de Jesus, analisado pelo codificador da doutrina espírita, Allan Kardec. Espero que o senhor possa apreciá-lo, porque o autor trabalha com maestria o Evangelho do Cristo em seus aspectos morais, que são irretocáveis. Incluem-se na obra em questão mensagens altamente elucidativas de entidades veneráveis, que trabalharam com Allan Kardec, durante todo o período da codificação.

— Sou grato a você, Maciel, não só pela visita, mas

também pelo apreço e atenção. Logo, tenho certeza, estaremos juntos no escritório.
– Não há pressa, senhor Valmir. Tudo corre muito bem. Descanse e recupere-se.
Ao se despedir, o executivo desejou-lhe rápido restabelecimento, nas bênçãos de Jesus.
A atitude do jovem surpreendeu Valmir pela sinceridade de suas palavras. Em seu estado mais sensível, não apenas pela cirurgia de grande porte, porém, muito mais, pela Experiência de Quase-Morte, as vibrações emanadas daquele coração amigo tocaram-lhe as fibras mais íntimas. Ao apanhar em suas mãos especificamente o *Evangelho*, abriu-o ao "acaso", e seu olhar fixou-se no título do capítulo 16 – "Não se pode servir a Deus e a Mamon".
Leu e releu com atenção todas as páginas do mencionado trecho, encantando-se principalmente com as "Instruções dos espíritos". Jamais vira tanta coerência nos ensinos daquele "Jesus", tão desconhecido por ele.
Clotilde, quando entrou no aposento do casal, vendo a obra nas mãos do marido, perguntou:
– Valmir querido, de quem foi o presente?
– Veja você, minha querida. O Maciel trouxe-me vários livros e este Evangelho também. Li e reli o capítulo 16 e confesso honestamente que me deixou muito bem impressionado. Você conhece esta obra?
– Na verdade, eu a utilizo na reunião do Evangelho em nosso lar.
– Evangelho no Lar, Clotilde?
A esposa expôs os acontecimentos depois do con-

vite feito por Clara, grande amiga do casal, que soube manter-se discreta. Entretanto, no momento adequado, interveio com sabedoria, como se fosse um cirurgião utilizando de um bisturi com cortes certeiros, curando a enfermidade da cegueira espiritual.

Valmir ouvia embasbacado os relatos da esposa, nem sequer suspeitando que estava completamente envolvido pela figura paterna, que entrara em seu campo mental minutos antes e envolvia o filho em energias altamente amorosas.

O empresário ateu e materialista de antes, gradativamente, abria o seu coração para a verdadeira vida, para a realidade do espírito.

Servindo com Jesus

— Doutor?... Com licença, posso entrar?
— Como não, Jofre? De que se trata, meu amigo?
— Juan, nosso paciente, gostaria de trocar algumas palavras com o senhor. Ele está esperando no corredor. O senhor poderia atendê-lo ou retornamos em outro horário?
— Por favor, peça que ele entre agora mesmo, Jofre...
— Com sua permissão, doutor... Bom dia! Obrigado por me receber.
— Bom dia, Juan. Noto que você está muito bem-disposto. Em que posso ser útil?
— Bem... A respeito de sua proposta, quando de nossa conversa...

— Sim, pois não?

— Creio honestamente, doutor, que o senhor esteja coberto de razão. Tive longas conversas com Bonifácio e meditei muito a respeito. Confesso que me encontro esgotado desta vida sem propósito... Gostaria que o senhor me encaminhasse para a instituição que possa dar continuidade em minha terapia. Meus companheiros, pelo menos aqueles que se encontram um pouco mais conscientes, aceitaram me acompanhar.

— Estou imensamente feliz pela sua decisão, Juan. Tenho certeza de que sua escalada evolutiva será coroada de sucesso. O Evangelho de Jesus é o porto seguro e definitivo para as nossas almas.

— Confesso que o seu convite para "recomeçar com Jesus" calou fundo em meu coração e, a partir daquele instante, não tive mais dúvidas em relação ao meu processo de modificação. Se não for pedir demais, tão logo o senhor possa providenciar a minha transferência, ficarei extremamente agradecido.

— Farei as solicitações hoje mesmo, para você e os seus amigos. Bonifácio e equipe concluíram o trabalho conosco e poderão acompanhá-los, está bem assim?

— Sim, claro que está! Obrigado, doutor. Deus lhe pague...

— Eu que agradeço, Juan, a oportunidade que você me oferece em poder auxiliar. Vá em paz!

Assim que o novo amigo se retirou, o facultativo dirigiu-se para o enfermeiro:

— Somos abençoados por servir ao nosso semelhante, não é, Jofre? Quantas alegrias Jesus nos reserva!...

– Sem dúvida, doutor. No fim, Juan que acreditava erroneamente que Bonifácio estava em lado oposto acabou reconhecendo-o como irmão, filhos do mesmo Pai.
– Sempre a lógica divina imperando, não Jofre?
– Sempre!
– Bem, vamos retornar ao trabalho. Esta noite realizaremos na casa espírita dirigida por Fabiano a operação de desligamento do jovem Henrique de seu irmão. Para os procedimentos, vou necessitar de sua companhia e também de Josias. Posso contar com vocês?
– Tenha certeza disso, doutor. Vou agora mesmo informar o Josias e estaremos a postos no horário que o senhor marcar.
– Em torno das 19 horas, está bem?
– Perfeitamente.
No horário acordado, partiram em direção ao Centro. Foram recepcionados por Fabiano que os aguardava.
Clotilde e Clara ladeavam Marcelo na sala de evangelização. Henrique encontrava-se um pouco menos jungido ao irmão. No entanto, ainda estava acuado pelas dúvidas que o assaltavam, principalmente, em virtude de registrar mais alguns nuances do ambiente, por causa da assistência recebida por meio do esforço continuado dos amigos espirituais, que os atendiam em caráter de rotina, desde a primeira reunião em que o rapaz havia participado.
Os trabalhos da noite foram abertos com a prece inicial, seguidos de breve palestra evangélica, preparando os assistidos para a terapia fluidoterápica. Ao término da exposição do brilhante orador, Fabiano aproximou-

-se do jovem desencarnado, aplicando passes em seu coronário, induzindo-o a agradável sonolência.

Clotilde entrou na sala de passes acompanhando Marcelo, que encontrava certa dificuldade em caminhar, em virtude da medicação utilizada, que visava mantê-lo sobre controle, neutralizando a incidência desesperadora de Henrique sobre a sua psiquê.

O rapaz foi acomodado em uma maca, enquanto os médiuns passistas iniciavam a fluidificação. Venâncio, o dirigente do centro na dimensão física, orientava os trabalhos, dirigindo ao paciente palavras de conforto e soerguimento.

No plano espiritual, Fabiano e o doutor João Pedro encarregavam-se dos procedimentos, sendo auxiliados por Jofre e Josias.

Instrumentos semelhantes ao bisturi a laser eram utilizados para separar as ligações energéticas entre o cérebro perispiritual de Marcelo e de Henrique.

A aplicação fluidoterápica, sendo efetuada pelos médiuns no plano físico, cedia ectoplasma em quantidade suficiente, aumentando desta maneira o poder anestésico no órgão cerebral de ambos, simplificando o procedimento.

Encerrada a operação, Henrique foi transferido para um leito especial, provido de equipamentos que o manteriam provisoriamente anestesiado, até que pudesse ser transferido para uma unidade especializada no tratamento de recém-desencarnados.

Com os procedimentos realizados de desligamento e fluidoterapia em paralelo, Marcelo teve sua condição energética aumentada consideravelmente. O parasitismo inconsciente de Henrique havia sugado de seu duplo etérico grande quantidade de fluido vital.

O rapaz mostrou-se bem mais disposto ao levantar-se da maca no encerramento da assistência.

Clotilde, ao sair da sala na companhia do filho, dirigiu-se para Clara:

– Amiga, parece um milagre. Veja como o Marcelo parece estar mais corado...

– Graças a Deus, Clotilde. É uma verdadeira dádiva do Senhor. Se Deus quiser, o nosso menino recuperará sua saúde e equilíbrio, voltando a sorrir novamente...

Questões oportunas

Enquanto Clotilde, Clara e Marcelo retornavam para seus lares, Fabiano, o coordenador dos serviços espirituais do Centro, na companhia do doutor João Pedro e equipe finalizavam a assistência ao jovem Henrique.

Aplicaram passes longitudinais restabelecendo dentro das possibilidades as energias perispirituais do recém-desencarnado.

Ao encerrarem a operação, elevaram-se em prece ao Criador, agradecendo a oportunidade do trabalho realizado naquela noite tão proveitosa para todos os assistidos.

Fabiano convidou o facultativo, Jofre e Josias, para ficarem um pouco mais, enquanto chamava sua equipe, a fim de que pudessem aproveitar alguns minutos de conversa amigável e possíveis esclarecimentos sobre o

caso específico de Henrique.
Um dos voluntários mais jovens adiantou-se, questionando:
– Doutor, enquanto o senhor e nosso dirigente assistiam o rapaz, pude observar que, além das ligações energéticas no cérebro, outras se concentravam no centro de força gástrico. Por quê?
– Excelente observação, meu jovem amigo...
– Rodney, doutor.
– Muito bem, Rodney. As ligações observadas por você no centro gástrico tinham como função a captação dos fluidos dos alimentos ingeridos por Marcelo. Era como Henrique, inconscientemente, mantinha-se alimentado. Em sua total ignorância, vampirizava literalmente o irmão, causando-lhe a visível astenia.
– A medicação utilizada por Marcelo interfere também em Henrique, doutor? – perguntou uma senhora que estava mais próxima.
– Como não? Os psicotrópicos utilizados pelo encarnado são também absorvidos pelo desencarnado que se encontra jungido à organização perispirítica daquele que se faz seu hospedeiro. É a planta que parasita literalmente.
– Sofre o desencarnado os efeitos da medicação? – tornou a simpática senhora.
– Sem sombra de dúvida, minha irmã. São observados nos casos de vampirização em dependentes químicos, nos quais encontramos depois da utilização do produto, ambos, encarnado e desencarnado, vivenciando os efeitos do que foi consumido. Não podemos olvidar que o

perispírito é corpo material, conforme constatamos em nossa dimensão, necessitando de cuidados específicos, guardadas as devidas proporções no que diz respeito à sua composição quintessenciada.
— O que será de Henrique a partir de agora, doutor?
— perguntou Jofre.
— Nosso irmão Fabiano poderá informar com mais detalhes. Passo para ele a palavra.
— Obrigado, doutor. Iremos encaminhá-lo à instituição diretora, a qual estamos subordinados. O profundo desconhecimento de sua atual situação de desencarnado demandará tempo para o esclarecimento, que será avaliado no decorrer dos próximos meses. Pela condição apresentada pelo nosso jovem irmão, a possibilidade em mantê-lo no sono reparador é muito grande.
— Sono reparador, Fabiano? Pelo trabalho que faço no Posto de Socorro, sempre achei que este recurso fosse momentâneo. Pode ser estendido nas instituições mais especializadas?
— Sim, Jofre. Se despertarmos Henrique em período próximo, ele manterá o monoideísmo em que vive atualmente. Seu desejo em continuar com a família neutralizará toda e qualquer informação adicional, comprometendo seu equilíbrio psíquico. O melhor para estes casos será a manutenção do repouso absoluto, neutralizando suas ligações de longa distância. Com isso, suas próprias energias serão poupadas e não será permitido que essas mesmas ligações promovam sofrimento ainda maior, para ele e seus familiares, pelo desespero que mantém vivo em seu coração e naqueles que o amam.

— O que será o melhor para ele, então? – voltou a questionar Rodney.

— Depois de certo período de terapia, reencarná-lo no seio do grupo familiar em que se vincula.

— Mas isso poderá demorar alguns anos, não?

— Lembre-se, meu jovem amigo, que o tempo na dimensão onde ele será alocado não tem necessariamente a mesma medida do planeta no qual estivemos reencarnados até há pouco. Na dimensão em que nos encontramos, já sentimos variações razoáveis nas medidas que costumávamos utilizar, não é?

— Sim, é fato...

— Porém, quando nos referimos às questões do tempo, vale frisar que somos imortais, então o que poderá significar alguns anos de assistência que visam à nossa felicidade?

— Faz sentido realmente, senhor Fabiano.

— Muito bem, pessoal, a conversa está proveitosa, mas precisamos retornar ao Posto. Como vocês, daremos continuidade ao trabalho que não cessa – disse, por sua vez, o doutor João Pedro.

— Tem razão – completou Fabiano. Jesus nos avisou que "a seara é grande, no entanto, poucos, os ceifeiros"...

— Fabiano, meu amigo, o nosso muito obrigado pela valiosa colaboração. Peço a Deus, nosso Pai e a Jesus, que os abençoe!

— Obrigado, doutor. Estaremos sempre aqui para servi-los. Hoje mesmo providenciaremos a transferência de Henrique.

– Grato por tudo, Fabiano.
– Não por isso. Que vocês possam reassumir seus afazeres na paz do Cristo!

Provas e revelações

O PERÍODO DE recuperação da cirurgia passou rapidamente. Durante o restabelecimento, a postura de Valmir, ateia e materialista foi aos poucos sendo substituída por conceitos nobres calcados nos ensinos de Jesus.

Com sua nova visão de vida, incluiu-se na reunião do Evangelho no Lar, passando a acompanhar Clotilde nas palestras públicas proferidas na casa espírita, enquanto aguardava Marcelo ser atendido em assistência especializada.

Foi convidado por Venâncio a receber terapia fluidoterápica, o que acabou sendo de grande auxílio para o fortalecimento de sua saúde.

Impressionou-se pela lógica apresentada no cristianismo redivivo e tornou-se um estudante da codificação, tendo muito apreço pelas obras de autores espirituais, como André Luiz e Emmanuel, ambos pela psicografia do saudoso médium Francisco Cândido Xavier.

Pesquisadores importantes como o doutor Hernani Guimarães Andrade e Hermínio C. Miranda, também estavam listados em suas preferências. Valmir dava a nítida impressão de ser um espírita desde o berço, aguardando somente o momento de seu despertar.

Pouco tempo depois, foi convidado a participar dos cursos oferecidos no centro, onde se mostrou um aluno brilhante, não só pelo conhecimento doutrinário como também pelo esforço empreendido em sua reformulação interior.

Passou a ser extremamente cuidadoso no trato com as pessoas, tornando-se exemplo de paciência e resignação, principalmente diante da dolorosa enfermidade de sua mãe.

Clotilde exultava com as conquistas do marido, enquanto Marcelo dava mostras de uma tímida melhora. Apesar da terapia psiquiátrica ser mantida regularmente, o rapaz não mais apresentava o brilho de outrora.

Mantinha-se introspectivo, por vezes um tanto desanimado em relação à vida, dando oportunidade para a instalação do processo depressivo.

A assistência espiritual agia em sua estrutura perispirítica dentro do possível. O período que o jovem sofrera o parasitismo inconsciente do irmão foi relativamente curto, porém, suficiente para causar danos irreversíveis em sua organização fisiológica. As ligações realizadas em seu cérebro perispiritual tiveram tamanho aprofundamento, que as lesões causadas, embora não identificadas no órgão material pela tomografia, eram, em parte, a causa das alterações em seu comportamento.

Gradativamente, o jovem foi desistindo dos investimentos em si mesmo, abandonando o tratamento médico e faltando sistematicamente às reuniões na casa espírita.

Foi buscar nas companhias inadequadas a solução para o seu abatimento, quando passou a utilizar com frequência o álcool e algumas outras drogas mais leves a princípio.

Os pais perceberam a mudança comportamental de Marcelo e iniciaram uma escalada sem igual, para infundir-lhe novas perspectivas. O doutor Gimenez intervinha como podia e o tratamento espiritual a distância era realizado com frequência.

Com o tempo, uma verdadeira via-sacra iria fazer parte da vida de Marcelo e de seus pais, com internações constantes, à medida que a dependência nas drogas se acentuava.

A responsabilidade da situação não poderia ser imputada apenas ao período obsessivo parasitário realizado por Henrique. A personalidade do jovem estava sendo posta à prova, quando questões do passado recente eram agora apresentadas, a fim de reforçar sua resistência diante da enfermidade. Os testes programados no plano espiritual visando à atual existência contemplavam momentos de dificuldade, nos quais sua força de vontade deveria ser utilizada para vencer o flagelo da dependência, que o levara à desencarnação prematura em sua última vida no planeta, na triste condição de suicida inconsciente.

Todas as circunstâncias vividas não se encontravam obrigatoriamente programadas, o que poderia suprimir o seu livre-arbítrio. Entretanto, a estrutura familiar traria as primeiras dificuldades, apresentando inicialmente a descrença e a valorização do materialismo. Estava aí seu verdadeiro desafio: buscar vencer-se na situação adversa, por conta do desprezo a que relegara os aspectos espirituais. Estes lhe foram insistentemente ensinados em sua última reencarnação por aqueles que o receberam como filho e agora se encontravam discretamente ao seu lado, na figura do doutor Gimenez e de Clara. Exatamente ela, a grande amiga de sua mãe e parte da mesma família espiritual, que, mais uma vez, buscava encaminhar aquele que, um dia, embalara em seus braços como filho.

O acidente

MARCELO MANTINHA PROFUNDO e inexplicável carinho por Clara e pelo doutor Gimenez. Em suas limitadas concepções a respeito da continuidade da vida, taxava--os de "gente do bem".

Contudo, não dava ouvidos a quem quer que fosse e, aos poucos, foi aprofundando seu total desprezo pelos valores do espírito. Em relação ao centro, dizia que "aquilo" tudo não surtia efeito algum, tratando-se de total perda de tempo. Quanto ao psiquiatra que o atendia, falava abertamente que não era um esquizofrênico para ficar vivendo à base de medicação.

Com o passar do tempo, em uma de suas tantas recaídas, encontrava-se na companhia de mais alguns dependentes, todos utilizando heroína. Uma das integrantes desse grupo era uma linda jovem, chamada Lucinda, que se insinuou para o rapaz. Marcelo, completamente fora de si e motivado pelos efeitos do produto, assimilou as vibrações oriundas da sexualidade sem compromisso afetivo e cedeu rapidamente aos seus interesses imediatos.

Convidou-a para irem a um local mais conveniente, onde continuariam a fazer uso da substância e vivenciar momentos de muito prazer.

Saíram do ambiente que se encontravam, no carro de Marcelo. A moça insistiu em conduzir o possante veículo.

Em breves instantes, estavam na estrada onde Henrique havia desencarnado. A jovem imprimia alta velocidade e, no mesmo ponto onde o irmão de Marcelo perdera o controle, aconteceu o acidente.

Sob o efeito devastador da heroína, Lucinda tinha os reflexos extremamente reduzidos e não conseguiu completar a curva íngreme, saindo da estrada e capotando o veículo esportivo várias vezes.

Por não fazerem uso do cinto de segurança, ambos foram projetados para fora do veículo, sendo atirados com violência ao solo coberto de pequenas pedras pontiagudas.

O desencarne dos jovens ocorreu imediatamente, e as imagens mais tristes eram reservadas para a dimensão espiritual imediata.

Entidades desencarnadas – totalmente alheias de suas próprias circunstâncias e jungidas ao casal por causa da dependência química – patrocinaram um verdadeiro espetáculo de horror pelo vampirismo. Por conta do uso do opioide, atacaram os despojos dos recém-desencarnados, sugando-lhes os fluidos vitais disponíveis.

Enquanto isso, no Posto de Socorro, o doutor João Pedro solicitava a presença de Josias em caráter de urgência.

– Pois não, doutor?

– Josias, por favor, temos uma emergência. Convoque o Carlito e mais alguns seguranças para partirmos imediatamente.

Em instantes, a equipe estava reunida e, em carro especial, rumaram em direção ao local do acidente.

Durante o breve percurso, o doutor João Pedro explicou:

– Recebi o pedido de socorro de nossos mentores, informando que Marcelo e uma moça de nome Lucinda que se encontrava em sua companhia, infelizmente, acabaram de desencarnar em acidente automobilístico.

– Meu Deus, doutor! Que situação lamentável! Nada pode ser feito? – questionou Carlito.

– Novamente a utilização inadequada do livre-arbítrio colocou o nosso Marcelo nestas circunstâncias, comprometendo-lhe não somente a sua presente existência, mas também lhe acrescentando a responsabilidade do desencarne de sua jovem acompanhante, apesar do esforço continuado realizado por Fabiano e por todos os amigos espirituais envolvidos, além dos seus pais e amigos. Orientação para não reincidir em suicídio inconsciente não faltou, porém, Deus, Nosso

Pai, não cerceia a liberdade de escolha realizada pelos Seus filhos.
– Semeadura livre, colheita obrigatória, não é?
– Sim, Carlito. Aí reside a justiça divina, para toda causa um efeito, de acordo com o interesse da criatura.

Ao chegarem ao local do acidente, alguns veículos começavam a estacionar no acostamento, e pessoas de boa vontade buscavam chamar pelo resgate.

A equipe do facultativo desembarcou e, ao se aproximarem dos corpos sem vida dos jovens, os quais se encontravam desdobrados e em desespero absoluto, sem atinar com o que acabara de ocorrer, tentavam em vão retirar seus próprios cadáveres daquele ambiente infestado de espíritos dementados.

Uma das entidades, ao perceber a presença do grupo coordenado pelo doutor João Pedro, avisou à turba e imediatamente investiram agressivamente em direção ao médico que seguia à frente.

Carlito rapidamente adiantou-se e, com uso de um aparelho, lançou na direção dos agressores descargas elétricas, que momentaneamente neutralizaram as entidades, prostrando-as completamente.

O doutor João Pedro solicitou que Josias aplicasse energias calmantes no casal e apanhasse as macas para transportá-los com urgência para o Posto de Socorro. As entidades não demorariam muito tempo para sair do estado anestésico, podendo investir novamente contra os socorristas.

Enquanto a equipe transportava os recém-desencarnados para o veículo de resgate, o médico aplicava com movimentos rápidos passes para desintegrar as energias vitais que restavam no corpo físico de Marcelo e Lucinda, para que não continuassem a servir de repasto para os infelizes vampiros.

Em minutos, o resgate chegava com o facultativo encarnado, constatando o óbito do jovem casal.

Médico de almas

O VEÍCULO DE transporte estava pronto para partir em direção ao Posto de Socorro, quando o doutor João Pedro deu as últimas orientações.

– Josias, por favor, entre em contato com o Jofre e peça que ele interceda mediunicamente junto à nossa irmã Clara, por meio da clarividência, solicitando que ela vá em direção à residência de Valmir. Em breves minutos eles deverão receber a notícia do acidente com Marcelo. Depois que os jovens estiverem devidamente instalados no Posto, dirija-se também para a casa dos nossos amigos, para onde vou rumar agora mesmo. Valmir concluiu há pouco tempo atrás a fase de recuperação de sua saúde e temo pelos desdobramentos se não utilizarmos de sustentação energética com ele.

— Está bem, doutor. Estarei com o senhor no menor prazo possível.

— Vão em paz!

Em instantes, o médico chegava à mansão de Valmir, que se encontrava na biblioteca, analisando alguns documentos e ouvindo suas músicas clássicas preferidas.

Clotilde preparava-se para sair, quando ouviu a campainha da porta soar.

O mordomo informou que a amiga Clara acabara de chegar, no mesmo momento que o telefone da residência tocou. Foi Clotilde quem se adiantou para atender ao chamado. A pessoa do outro lado da linha identificou-se como médico do hospital local e, com muito tato, deu a desagradável notícia de que o jovem sofrera um acidente e encontrava-se em estado crítico.

Clotilde não conseguiu sustentar-se sob seus pés, vindo a desfalecer, sendo sustentada pelos braços do mordomo que estava próximo e agiu rapidamente.

Clara acabara de entrar e solicitou que chamassem com urgência o doutor Gimenez, enquanto transportavam Clotilde para o quarto do casal.

Um dos funcionários foi em direção à biblioteca para informar o patrão, mas foi imediatamente impedido por Clara, que já se encontrava sob a inspiração do doutor João Pedro.

Era de máxima importância que qualquer notícia fosse dada com a companhia do médico que estava a caminho.

O doutor Gimenez chegou rapidamente e, após o

atendimento realizado em Clotilde, com medicação conveniente, foi por esta, em lágrimas de profunda dor, devidamente informado. Clara fazia todo o possível para manter o controle da situação e, completamente envolvida pelo doutor João Pedro, convidou a amiga para orarem juntas, enquanto o médico da família dirigia-se à biblioteca.

Bateu na porta e, apesar do som da música estar um pouco mais alto, pôde ouvir Valmir dando a autorização de entrada. A surpresa do proprietário da casa foi enorme.

– Doutor, está tudo bem?
– Quase, Valmir... Meu caro, sou portador de uma notícia muito delicada neste momento...
– Tem relação com o Marcelo?
– Infelizmente...
– A noite passada, sonhei que o meu rapaz vivia instantes de grande dificuldade por causa de um acidente. Não dei muita importância para o fato, porém, agora, começo a acreditar que se tratou de um sonho premonitório.
– Sinto imensamente. O nosso Marcelo sofreu um acidente automobilístico e parece que seu quadro clínico é grave. Vou acompanhá-los até o hospital. Clotilde está pronta e aguarda por nós...
– A que horas isso aconteceu, doutor?
– Não sabemos. Podemos ir?
– Sim... Sim... Imediatamente.

Clotilde, ao ver o marido, abraçou-o com o ros-

to banhado em lágrimas e demonstrando certa revolta lamentou:
– Querido, parece que estamos sendo punidos pela nossa descrença na vida e em Deus.

Foi a vez de Clara manifestar-se em verdadeiro processo psicofônico, intermediando o facultativo desencarnado.
– Amiga, não diga isso. Nosso Senhor nos ama a todos e em suas leis magnânimas não existem castigos e punições. Somente o amor é sua expressão real para os seus filhos. Clotilde, tenhamos confiança na misericórdia divina para não recuarmos diante da prova, instalando o fel da revolta em nosso coração.

Valmir, também inspirado pelo mentor amigo, completou:
– Graças a Deus, minha querida, que nos encontramos amparados pelo cristianismo redivivo, a nossa iluminada doutrina, para sermos devidamente sustentados. Acredito que, se eu estivesse cultivando os mesmos valores do passado, talvez hoje, com mais esta notícia, eu desistisse da vida. Vamos ao hospital, na certeza de que o Senhor não faltará com o Seu amparo e amor.

Neste instante, Josias entrava no ambiente e, prestativo, perguntou ao doutor João Pedro:
– Posso ajudar em algo?
– Vamos operar maior dose de energias em Valmir e Clotilde, para que eles possam suportar com resignação e confiança os difíceis momentos que os aguardam.

– Quando entrei pude ouvir as palavras de nosso irmão. Quanta mudança, não, doutor?
– É Jesus operando, Josias. Quando Jesus, o Médico de almas, atua, a "enfermidade da descrença" é rápida e definitivamente "curada".

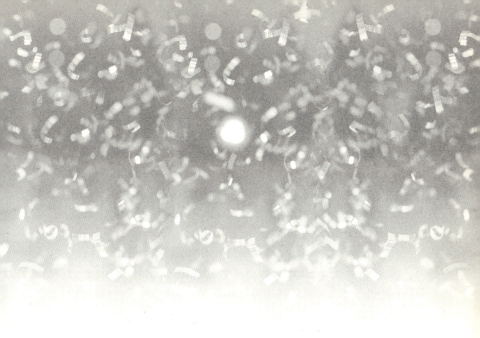

Confiança e resignação

Ao chegarem ao hospital, Valmir e o doutor Gimenez se adiantaram em busca de informações relativas ao acidente com Marcelo.

O médico de plantão atendeu-os cordialmente e com cuidados redobrados deu a fatídica notícia.

O rapaz desencarnara na companhia de uma moça, que conduzia o veículo, segundo puderam apurar com algumas pessoas que se encontravam no local do acidente. No entanto, dizia ele, isso não tinha a menor importância neste momento. A mãe da jovem fora avisada e estava a caminho do hospital, para o reconhecimento da filha e providências imediatas.

Valmir saiu da sala do facultativo e foi em direção

à esposa para informá-la da condição real de Marcelo. Clotilde, como toda mãe, dotada de alta sensibilidade, leu nos olhos do marido o desfecho da situação.

Suas lágrimas tornaram-se ainda mais abundantes, sendo todos, naquele instante, envolvidos pelas vibrações do doutor João Pedro e Josias.

Por meio da capacidade mediúnica de Clara, o médico desencarnado buscava transmitir palavras de confiança em Deus e resignação diante de provas tão difíceis para o casal.

A mãe de Lucinda, dona Consuelo, após ser notificada a respeito do acidente e os respectivos desdobramentos, foi apresentada aos pais de Marcelo e seus acompanhantes.

A senhora enviuvara recentemente, e Lucinda era sua filha única. O envolvimento com as drogas pela filha era de longo tempo e todos os tratamentos possíveis tinham sido considerados. No entanto, a pobre garota acabava reincidindo no uso das substâncias tóxicas.

Procurara com a ajuda da igreja que frequentava clínicas com terapias associadas à espiritualização do dependente químico, mas, mesmo assim, não obtivera sucesso. Entretanto, sua fé era suficientemente forte para encarar a morte, tanto do marido que falecera há pouco mais de seis meses, vítima de enfarto, como este momento de prova a que era submetida com o desencarne da filha querida.

O exemplo de humildade, fé em Deus e resignação da mãe de Lucinda tocou fortemente os corações de Valmir e Clotilde, fortalecendo-os ainda mais, diante de conjuntura tão delicada de suas existências.

Valmir gentilmente encarregou-se de providenciar todos os detalhes relativos ao hospital, velório e sepultamento de ambos os jovens. A oportunidade em conhecer dona Consuelo e sua força espiritual, apesar da hora tão triste para todos, era um verdadeiro bálsamo para aqueles corações submetidos a testemunhos semelhantes.

A assistência espiritual prestada pelo doutor João Pedro e Josias estava concluída. Sendo assim, o facultativo informou:

– Josias, necessitamos retornar ao Posto de Socorro para darmos prosseguimento a nossas atividades. Temos em Clara um espírito afinadíssimo conosco. Qualquer coisa que os nossos amigos necessitem, ela entrará em conexão imediata e poderemos atendê-los com presteza.

– Como se encontram Marcelo e Lucinda?

– Fizemos os primeiros atendimentos com doses significativas de energização. Porém, o quadro de ambos é de choque profundo.

– Lamentável, Josias. A surpresa do desencarne, quando seus corpos ainda se encontravam relativamente bem vitalizados, pela lógica da própria juventude, aliada aos efeitos proporcionados pelo consumo da droga semissintética, é simplesmente devastadora. Creio que estejam vivenciando verdadeiros pesadelos pós-desencarnatórios, não?

– Desafortunadamente, doutor. Não conseguimos debelar ou reduzir tais efeitos, para minimizar-lhes os quadros infelizes. Por vezes, tem-se a impressão de que estão vivendo cenas reais...

– É um misto de experiências bastante desagradáveis, Josias, com disposições vivenciadas com espíritos que os vampirizavam, quadros imaginários oferecidos pelo uso do entorpecente, entre outros aspectos da mente em desalinho.

– Bem, acionaremos as instituições especializadas no atendimento a dependentes químicos recém-desencarnados, para que os nossos pacientes sejam imediatamente transferidos. Vamos indo, Josias?

– Agora mesmo, doutor!

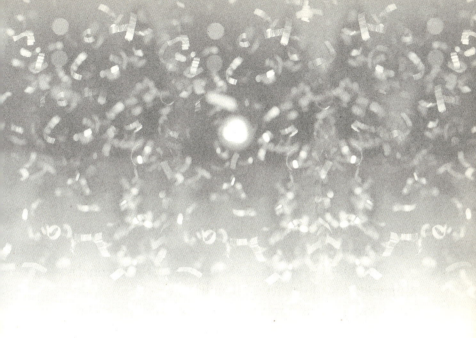

Sofrimento autoimposto

MARCELO E LUCINDA apresentavam um quadro sui generis, tendo, de quando em vez, espasmos exagerados, com frases desconexas e guturais.

Jofre utilizava os recursos da fluidoterapia, quando o doutor João Pedro e Josias chegaram.

– Como eles estão passando, Jofre?

– Nada bem, doutor. Utilizamos dos recursos que se encontram à nossa disposição. No entanto, necessitaremos de equipe especializada nestes casos.

– Doutor, o que de fato está ocorrendo com os jovens? –questionou Josias.

– Trata-se da inserção no subconsciente profundo ocasionado pelo uso de drogas pesadas, como é o caso da heroína. As famosas "viagens" proporcionadas pelos entorpecentes levam, por vezes, seus usuários a experimentarem esse tipo de sensação. Porém, o que ocorre, de fato, em inúmeros casos, é que as cenas apresentadas, geralmente com doses extremadas de terror, são, na realidade, as recordações de existência ou existências anteriores.

– Por que, em muitos casos, as situações apresentadas impingem medo ou terror, doutor?

– Josias, quais foram as nossas experiências no passado remoto? O que fazíamos para nós e para os nossos semelhantes no período de barbárie, que não dista tanto tempo assim? Guardadas as honrosas exceções, divisamos as criações mentais e atitudes monstruosas que praticávamos ou mantínhamos em nosso primitivismo, no qual a lei do mais forte imperava.

– E como fica a estrutura mental em relação à nova reencarnação?

– Esta é uma questão delicada em sua solução, meu amigo. Os danos ocasionados no cérebro corpóreo, com reflexos imediatos no órgão perispiritual, aliados ao mergulho profundo em experiências passadas, podem manter o reencarnante dentro da realidade anterior. O conhecimento humano ainda limitado neste patamar trata do paciente esquizofrênico, com os limites de uma única existência, quando, na verdade, o desalinho mental do presente é aquilo que a criatura vivenciou no passado. Reis ou rainhas, militares ou nobres, que desfilam em clínicas psiquiátricas, por vezes, são manifestações puras e simples daquilo que essas mesmas pessoas possuem em suas experiências anteriores. Não podemos obviamente, sob pena de ser generalistas, classificar todas estas infelizes criaturas em provação, nesta nossa simples análise.

– As condições atuais do casal poderão surtir efeito semelhante na próxima vida no corpo material, doutor?

– Sim. Nestes dois casos, temos um quadro relativamente acentuado para que isso ocorra. Provavelmente, os futuros pais de Marcelo e Lucinda deverão conviver com filhos esquizofrênicos.

– Doutor, fico pensando o que produzimos para nós com a liberdade que possuímos, não?

– Foi exatamente por isso, Josias, que o Nosso Mestre nos trouxe o Evangelho, para que nos salvássemos de nós mesmos, do uso inadequado de nosso livre-arbítrio, para que não impuséssemos mais sofrimento em nossas existências. A propósito, quando a equipe especializada chegar para as providências relativas à transferência de nossos jovens amigos, por favor, me informem.

– Sem dúvida, doutor.

– Então, Josias, vamos continuar em nossa labuta. Bom trabalho a todos!

Conversa entre amigos

OS ESPECIALISTAS CHEGARAM em poucas horas, trazendo o instrumental necessário para a transferência de Marcelo e Lucinda.

Em instantes, os jovens estavam acomodados em macas especiais, completamente isolados por fino material semelhante ao plástico, em forma de uma bolha de sobrevivência.

Josias foi informar a chegada do grupo, conforme solicitado pelo doutor João Pedro.

O facultativo, saudando a todos, dirigiu-se ao coordenador da equipe:

— É novamente um grande prazer reencontrá-lo, Flávio. Como andam as coisas no hospital?

– Doutor, nada bem. Temos recebido verdadeiras multidões de desencarnados pelo uso de entorpecentes. Ampliamos nossas instalações. Contudo, não foram suficientes. Estamos utilizando outras unidades hospitalares para a transferência dos pacientes. As drogas pesadas estão literalmente matando os nossos jovens, principalmente esse flagelo destruidor chamado *crack*. Agimos rapidamente para que os pobres desencarnados não se tornem vampiros de seus colegas de desventura; todavia, nem sempre somos bem-sucedidos.

E continuou a relatar:

– Muitos deles agarram-se aos encarnados com tamanha intensidade, transformando-se em verdadeiros parasitas. De fato, doutor, muitos deles, sem o saber, agem desta forma quando ainda estão encarnados, dependentes que se tornam uns dos outros, no sentido de obter a droga e também de utilizá-la em parceria. São espetáculos de cortar o coração, porque, em muitos casos, vemos mães desencarnadas tentarem, sem sucesso, retirar seus filhos ou filhas do parasitismo vampiresco. Organizamos várias equipes de resgate, principalmente nas metrópoles brasileiras, onde vemos grupos inteiros em completo abandono por parte das autoridades e da própria sociedade.

– Uma total indiferença, não é, Flávio?

– Infelizmente, doutor. Naturalmente, encontramos muitas agremiações de companheiros encarnados no planeta, prestando um excelente serviço para essas comunidades desamparadas. Mas são ainda muito poucos os voluntários que se oferecem para esse tipo de trabalho, em virtude da dificuldade com a qual se deparam. Além dos recursos serem escassos há o contato com marginais que fornecem a "mercadoria mortal". Eles ameaçam os trabalhadores, porque entendem que esses abnegados irmãos atrapalham os negócios.

– É deplorável essa situação. Trata-se do interesse daqueles que fazem fortuna nos mais altos níveis, pois sabemos que o traficante da rua é mero e infeliz representante dos que produzem, importam ou exportam em toneladas, vivendo em suas mansões ou luxuosos apartamentos, distantes daqueles que infelicitam, não é, Flávio?

– Sim, doutor. São também acobertados por pessoas influentes que não permitem que o braço da lei possa alcançá-los. No fim, são cegos que conduzem cegos...

– Concordo com você, meu amigo. Enquanto vivem em cegueira absoluta, o dano que promovem para os seus próprios irmãos guarda semelhança a uma guerra mundial.

– Somente as leis de Deus para corrigir a criatura, não é verdade, doutor?

– Exatamente, Flávio. Quando o faltoso se conscientiza, altera a sua postura e permite que a lei inicie seu processo de reajuste, estimulando-o a buscar o caminho reto. Só Deus sabe o preço a pagar e o tempo que será despendido neste processo... Não vou tomar mais o seu tempo, meu amigo. Agradeço seu rápido atendimento. Cuide bem dos nossos jovens, porque a minha responsabilidade em relação aos gêmeos e agora também de Lucinda não se encerra aqui.

— Pode contar, doutor. É sempre uma imensa alegria poder revê-lo. Cuide-se e obrigado.

— Flávio, meu amigo, que Jesus continue abençoando você e sua equipe no trabalho do bem ao semelhante!

Amarga provação

VALMIR E CLOTILDE estavam se recuperando da difícil provação com o desenlace de Marcelo, quando uma nova e desalentadora notícia chegou.

Uma das enfermeiras responsáveis pelos cuidados de dona Ema informava que a idosa acabara de ser internada no hospital da cidade, apresentando um quadro típico de Acidente Vascular Cerebral.

O casal, ligou para o doutor Gimenez sobre o ocorrido.

O amigo encaminhou-se rapidamente para lá, buscando inteirar-se detalhadamente da gravidade da situação.

Em instantes, Valmir, Clotilde e o doutor Gimenez eram recepcionados pelo neurologista que atendera dona Ema. Apesar do cuidado com as palavras, o médico disse que o quadro era muito grave e o risco de morte era inevitável. Talvez a nobre senhora vivesse mais algumas horas ou poucos dias.

A prova amarga da separação física estava novamente diante do casal amigo. Clotilde, preocupada com os últimos acontecimentos e temendo pela saúde do marido, achou melhor ligar para Clara.

Em minutos, a amiga chegou ao hospital e, com seu comportamento altamente espiritualizado e confiante, transmitiu vibrações de serenidade para todos. Foi automática sua ligação com o doutor João Pedro que, a distância, fortalecia Valmir com palavras altamente inspiradas, pela sensibilidade de Clara, que lhe servia de intermediária.

Em um curto intervalo de tempo, o doutor João Pedro e Josias adentravam na Unidade de Terapia Intensiva, onde se encontrava dona Ema. Realizada a avaliação pelas entidades amigas, o médico orientou:

— Josias, a organização fisiológica de nossa irmã está totalmente comprometida pela falta de vitalidade. Suas energias vitais deverão mantê-la ligada ao corpo por, no máximo, três ou quatro horas. O processo de expulsão do espírito é iminente. Vamos dar início às operações magnéticas, visando auxiliá-la para que o desprendimento possa ser o mais tranquilo possível.

— Perfeitamente, doutor. Vou informar à equipe de resgates do Posto, a fim de que possa vir em nosso auxílio.

— Por favor, faça isso meu amigo e comecemos nosso trabalho.

Com passes longitudinais, as duas entidades desligavam os já enfraquecidos laços que prendiam o perispírito de dona Ema ao seu corpo físico, que lhe servira por tantas décadas. A matrona foi induzida magneticamente ao sono profundo e, em questões de minutos, seu corpo expirava.

A equipe de resgates do Posto de Socorro chegou em seguida e providenciou a transferência da nobre senhora, enquanto o doutor João Pedro e Josias envolviam, em vibrações de sustentação, Valmir e Clotilde, informando mentalmente sobre a partida de dona Ema.

Valmir, apresentando profundo equilíbrio, dirigiu-se aos presentes:

– Clotilde, amigos, façamos uma prece para minha querida mãezinha, que acaba de desencarnar.

Clara, com suas percepções mediúnicas aguçadas, captara ao mesmo tempo o aviso do médico espiritual, confirmando a ocorrência.

Foi o próprio Valmir, inspirado pelas entidades amigas, que se dirigiu ao Pai celestial, solicitando que Sua misericórdia recebesse aquela alma tão querida, que acabara de cumprir suas tarefas no planeta. Agradecia profundamente a bondade de dona Ema, pela oportunidade concedida a ele em retornar para as lutas aperfeiçoadoras, na condição de filho muito amado.

Em paz, o grupo dirigiu-se para a UTI para as derradeiras despedidas.

O orador espírita

Alguns dias depois das exéquias de dona Ema, Valmir e Clotilde retornaram as atividades normais na casa espírita.

Venâncio recepcionou-os na entrada:

— Como estão passando meus amigos?

— Estamos bem, obrigado –adiantou-se Valmir.

— Estou mais conformado e acredito firmemente que o plano espiritual intercedeu em favor de minha mãe. A enfermidade que ela vivenciava deveria representar uma verdadeira prisão para o espírito, não?

— Sem dúvida, dona Ema libertou-se. Quando estive no velório, percebi que as vibrações que a envolviam durante o seu processo de desligamento eram muito suaves e equilibradas. Mentores amigos cuidaram de removê-la do corpo físico e também da transferência para local de assistência para recém-desencarnados.

– Fico grato pela sua atenção, Venâncio.

– Ora, Valmir, não por isso. Você sabe, estamos todos juntos trabalhando pelo Evangelho. A propósito, falando em serviço com Jesus, o orador da noite teve um imprevisto e não poderá comparecer. Nossa palestra evangélica de preparação para a fluidoterapia necessita de alguém competente. Pensei em você...

– Eu? Venâncio, não me sinto devidamente preparado...

– E quem de nós está, Valmir? Se Jesus fosse esperar que os Seus apóstolos se preparassem convenientemente, como ficaria o trabalho de divulgação da Boa Nova, depois de Seu retorno à pátria espiritual? O divino Mestre conta conosco, apesar de nossas deficiências e adversidades. Vamos, meu amigo, confio em você. Aliás, os mentores confiam.

– Bem, aceito o desafio e vou procurar fazer o meu melhor, Venâncio.

– Excelente! Diga-se de passagem que foi o próprio Jesus quem ensinou que aquele que "procura, acha". Você terá aproximadamente uns vinte minutos para preparar-se. A propósito, o tema escolhido para esta noite é "Buscai e Achareis", capítulo 25 de O evangelho segundo o espiritismo.

Minutos mais tarde, enquanto Venâncio também preparava-se para iniciar a reunião, chegavam ao recinto o doutor João Pedro, Josias, Carlito e Jofre.

O dirigente do centro proferiu a prece e passou a palavra para Valmir, que foi completamente envolvido por Fabiano, responsável espiritual da instituição.

Apesar de certa insegurança nos primeiros instantes da palestra, ele foi se deixando envolver pela palavra amorosa do mentor e conduziu o tema de maneira simples e brilhante.

Quando encerrou sua oratória, muitas pessoas encontravam-se emocionadas pelas palavras estimulantes e cheias de fé daquele amigo que vencera duras provas.

Clotilde, enxugando as lágrimas, abraçou demoradamente o marido, agradecendo a Deus e aos mentores amigos as bênçãos de sustentação diante de momentos recentes e tão difíceis, que o casal tivera a oportunidade de vencer em conjunto. Em um curto espaço de tempo, haviam partido os filhos queridos e dona Ema, porém, hoje sentiam-se renovados interiormente, e a fé raciocinada direcionava-os em suas vidas, evitando atitudes desesperadas.

Jofre aproximou-se do doutor João Pedro comentando:

— Quem diria, hein, doutor? O nosso Valmir, um expositor espírita...

— Realmente um excelente expositor Jofre. Sem dúvida, a nossa doutrina está ganhando um grande divulgador do Evangelho. O Senhor sempre nos oferece oportunidades abençoadas de semearmos o bem. Valmir soube superar com galhardia suas provas, forjando uma fé robusta e, com a sua capacidade empreendedora, será importante no serviço em favor do próximo.

As atividades no centro foram encerradas após a sessão de fluidoterapia, porém, na dimensão espiritual, os trabalhos continuavam sem interrupção. Era necessário retornar ao Posto de Socorro para dar continuidade na assistência aos internos.

Revelações e despedidas

Encerrado o turno da noite, doutor João Pedro pediu ao amigo Josias que reunisse, na sala de conferências, todos os voluntários disponíveis no Posto de Socorro, e também os internos que tivessem interesse em participar de um curto pronunciamento que o médico faria.

Na oportunidade, o facultativo fez uma belíssima oração de agradecimento ao Pai celestial e, dirigindo-se à assistência, esclareceu:

— Amigos em Jesus, que a paz do Senhor nos envolva! Agradeço a presença de todos e serei breve em minhas palavras, porque sei das responsabilidades de cada um, no trabalho com Jesus. Servir é, de fato, a bênção que o Senhor nos reserva todos os dias e sou grato a vocês que sempre confiaram em minhas simples e acanhadas orientações no serviço em favor do semelhante. Quero informar que me ausentarei de minha atual posição para tratar de assuntos urgentes nos meus compromissos como Espírito imortal.

A assembleia toda ficou boquiaberta diante da surpresa. O facultativo respirou profundamente e continuou:

– No entanto, temos entre nós um irmão que se encontra devidamente preparado e dono de uma competência ímpar para dar continuidade à nossa humilde contribuição. Trata-se de nosso mui estimado Josias que – tenho certeza – irá abrilhantar os serviços de assistência de nossa instituição com a luz de seu discernimento e o amor fraterno que possui no coração.

Josias e todos os presentes estavam emocionados. Viam-se lágrimas discretas nos olhos da maioria.

– Tenho a honra de confidenciar-lhes que reencarnarei em futuro breve, saudando compromissos equivocados, assumidos no passado, mais especificamente no século 15, quando me tornei um inquisidor na Espanha. Todos aqueles que acompanharam a trajetória da família de Valmir e Clotilde poderão agora entender o trabalho realizado em favor daqueles amigos queridos. No século ao qual me referi, fui abandonado por minha mãe, na porta de uma vasta propriedade, pertencente à época ao pai de Valmir, que se encontra atualmente em nossa dimensão. Fui adotado pelo casal, tendo dona Ema como minha madrasta, naquele período da história, sendo então irmão de Valmir e Clotilde, que hoje formam um belo e respeitável casal. Quando atingi a juventude, decidi-me pelo sacerdócio, para a felicidade de meus pais adotivos e irmãos. Entretanto, contrariando os meus propósitos de viver para Jesus, passei a me encantar com o poder. Fascinado e incluído pelos meus superiores em uma equipe de inquisidores, comecei a dar asas a minhas tendências cruéis. Dessa forma, fui um elemento de profunda decepção para a família que me adotara, quando viram meus exemplos infelizes e interesseiros. A descrença em minha pessoa e nas instituições da época estimularam nos corações queridos o materialismo e o vazio existencial. Marcelo e Henrique foram também vítimas de minha sanha fascinada e assassina naquele século de horror, bem como outras pessoas que, por misericórdia, acabaram me perdoando e seguindo suas vidas, direcionadas pelo amor do Cristo. Foi graças ao nosso Senhor e Mestre que despertei dos meus enganos, pouco tempo antes de desencarnar naquele período negro da história.

E o bondoso médico finalizou:

– Consciente de meus erros, decidi que faria tudo que estivesse ao meu alcance para materializar o Evangelho de Jesus em meus caminhos. Reencarnações repletas de difíceis provas me aguardavam. No entanto, nunca fui desamparado pela misericórdia divina e, sempre orientado pela Boa Nova, busquei servir o meu semelhante, apesar de minha acanhada evolução. A bondade de nosso Pai é incomensurável e permitiu que eu não me abatesse diante dos compromissos assumidos, mas, sim, trabalhasse para, um dia, obter a Sua bênção e reunir o grupo de irmãos, para os quais minha irresponsabilidade acabou se transformando em exemplo infeliz, causando dor, sofrimento, dando demonstrações claras de descaso pela vida do semelhante. Reencarnarei brevemente, conforme mencionei, e, em minha programação, serei mais uma vez órfão abandonado, porém, desta vez, na porta da residência de Valmir e Clotilde, que tenho esperança em Deus que me adotem como filho do coração. Na mocidade, irei me consorciar e receberei Marcelo, Henrique e Lucinda como filhos muito amados e, lutaremos juntos, para incluir definitivamente Jesus em nossas vidas. Peço a Deus e ao nosso divino Mestre que me suportem e a todos vocês, meus irmãos, que orem por mim. Muito obrigado e que o Senhor da Vida nos abençoe, hoje e sempre. paz em Jesus!!!

A emoção tomou conta dos presentes. Carlito, aproximando-se de Jofre, perguntou:

– Você acha que o doutor João Pedro sabia de todos os episódios antecipadamente?

– Sinceramente, não faço a menor ideia, Carlito, o quanto um Espírito com a evolução dele poderá conhecer. O tempo e o nosso crescimento espiritual, um dia, nos darão a resposta, não? Por enquanto, o que necessitamos para as nossas vidas é continuar servindo com Jesus.

– Isso com certeza nós sabemos, Jofre. Aliás, essa é a única certeza: "servir com Jesus".

FIM

Esta edição foi impressa nas gráficas da Assahi Gráfica e Editora, de São Bernardo do Campo, SP, sendo tiradas três mil cópias, todas em formato fechado 140x210mm e com mancha de 93x163mm. Os papéis utilizados foram o RB Offwhite (Rio Branco) 65g/m^2 para o miolo e o cartão Vitabianco (Papirus) 300g/m^2 para a capa. O texto foi composto em Goudy Old Style 12/15 e os títulos em Playlist 33/33. Adriane Schirmer realizou a revisão do texto. André Stenico elaborou a programação visual da capa e o projeto gráfico do miolo.

Agosto de 2018